歌・音・踊りで楽しむ
生き生き活動

高齢者の音育 OTOIKU アクティビティ

大石亜由美

いかだ社

はじめに

「高齢者の歌本をつくろう」というお話をいただいた時に、10年前、数々の施設やデイサービスを訪問していた頃に感じた気持ちがよみがえりました。

その頃、施設やデイサービスで提供していた歌は、幼児のレクリエーションに使う歌も多く、幼稚園のお遊戯さながら、大きい子どもをあやすような姿の介護士さんに、わたしは心から「それは違う!!」と感じていました。同様に、一部のスタッフや利用者さんたちからも、「高齢者をバカにしている」「選曲がつまらない」「年代が合わず、よくわからない」「楽しくない」など痛烈な評価が多くあげられていました。

あれから10年、現場も変わり始めていますが、新しい情報に対する応用力がついていかずに「レクリエーションのマンネリ化」を食い止めることが更に難しくなっている様子がうかがえます。

これからの高齢者は、与えられる場に参加するというよりも、自分に合った場所を探して選択し、更に高度な情報提供を求めてくるのではないかと考えています。「単なるレクリエーション、お預かりの時間」などと考えているようでは、利用者たちは満足できないのです。ですから、アクティビティの時間の中にも「家族を超えた支え合い」をプラスできる「温かい関わり・思いやりのあるケア」がとても重要になることでしょう。

わたしが実際にデイサービスに勤務してわかったことは、高齢者は「歌で元気になり、終わった後は活発で明るい表情がでる」ということ。「歌で感動して、歌の後は思い出を語って涙を流す」ということ。「歌で体を動かすと、歌の後は元気はつらつで張り切る人が増え会話が弾む」ということ──そんな経験が原点になり、歌や曲で何かできると確信しました。

そこで、「介護士必見！　年間を通して音で育むアクティビティケア」をまとめましたので、多くの介護にかかわる方に実践してほしいと思います。

まず、何よりも大切なことは「１つのアイデアを10通りに広げ、活かすことができる介護力」だと思っています。

わたしが実践している「音育」は楽譜に合わせて歌ったり、楽器を演奏したりを主としません。言葉通り「音ではぐくむ」ために「音で踊る・動く・話す・感じる・遊ぶ・癒される」──「音育」は自分たちで生み出すことができるものだと考えていただけたらと思います。「歌はうまくないけど歌は好き」「譜面は読めないけれどハミングができる」「楽器は自信ないけれどリズムはとれる」と思う人がとても多いことに改めて気がついたからです。介護側と受ける側の両方に「音育」は存在するようです。

そこでわたしが提唱する「高齢者　音育アクティビティ」５つの目的です。

① 今の生活に張りを与える。
② ADL[※1]の向上をもたらし生きる原動力になる。
③ QOL[※2]の質を高め、生きがいを導く。
④ 心と心の触れ合いを大切にしながら小さな喜びを大切にする
⑤ 過去の記憶を語り、癒して、懐かしむ。

本書では月に合わせた目標を設定し、今月の歌の紹介、健康アドバイス、音のレクリエーション、物づくり、生活の知恵、ご当地自慢など、すべてが「音」に絡んでいます。また、月ごとの最終ページには、新米介護士とベテラン介護士のやりとりから大切な気づきを提示しています。

みなさん自身が感性をみがき、基本に返って介護の現場で「高齢者　音育アクティビティ」を学びなおし、高齢者と関わることを願っています。

１読目は「そのまま真似して」、２読目は「応用して」、３読目は「つくり上げて」というように、ステップアップしながら活用してほしいと思います。

さぁ、みなさん、一緒に「音育」を始めましょう。

大石亜由美

※１　Activities of Daily Livingの略。日常生活動作のことで「食事・更衣・移動・排泄・整容・入浴」など、生活をするうえで必要な日常の動作をさしています。

※２　Quality of Lifeの略。個々の生活を物質的な面からとらえるのではなく、精神的な豊かさや満足度を含めてとらえる考え方をさしています。

目次

月	○月の目標 ○月の健康管理とアドバイス	今月の歌	リズム運動・歌と遊び
1月 January	6ページ	7ページ「早春賦」	8ページ　今月のストレッチ／お餅を食べ過ぎたぁ～さぁ伸び伸び運動だ！／つまんで移して箸レース／ガラガラうがい歌／歌い始めはにぎやかに／ビン笛で腹式呼吸をしてみよう／十二支の鳴き声リズム合わせ
2月 February	14ページ	15ページ「冬の夜」	16ページ　今月のストレッチ／豆まき体操/歌を聞いてイメージをふくらませよう／音を楽しむビーンズシェイカー
3月 March	20ページ	21ページ「仰げば尊し」	22ページ　今月のストレッチ／ラップ芯でリズム体操／「仰げば尊し」で思い出そう青春時代／しあわせなら歌じゃんけん ／時代劇のヒーローは誰!? ／歌って踊れるご当地民謡
4月 April	28ページ	29ページ「おぼろ月夜」	30ページ　今月のストレッチ／高く積み上げて箱タワー／「春」をテーマに歌おう／逆野球拳！
5月 May	34ページ	35ページ「手のひらを太陽に」	36ページ　今月のストレッチ／背筋を伸ばして背くらべ／木々や葉の音を聞こう／母の日に贈る 母の歌／小人になって どんじゃらホイ
6月 June	42ページ	43ページ「宵待草」	44ページ　今月のストレッチ／手拍子で遊ぼう／写真から浮かぶ歌を考えよう／あんたが大将！
7月 July	48ページ	49ページ「われは海の子」	50ページ　今月のストレッチ／しりとり歌遊び／合いの手歌レク／追っかけ歌レク／年に2回は体力測定をしましょう
8月 August	54ページ	55ページ「知床旅情」	56ページ　今月のストレッチ／暑さに負けないひんやり運動／人気の盆踊りソングで踊っちゃおう／ハワイアンフラ・ストレッチ
9月 September	62ページ	63ページ「故郷の空」	64ページ　今月のストレッチ／水の音でリズム遊び／この鳴き声何の虫? ／ペーパー芯つなぎゲーム／おもしろ絵かき歌／お祝いソングで敬老会
10月 October	70ページ	71ページ「ふるさと」	72ページ　今月のストレッチ／この次だぁれ?　鬼ごっこゲーム／歌に合わせてなりきりコスプレ
11月 November	76ページ	77ページ「浜辺の歌」	78ページ　今月のストレッチ／ジャンプジャンプでエア縄跳び／どんぐり風船でストレッチ／階段昇降で山登り／スリッパでパタパタ・リズム合わせ／明日に向かって、さぁ踊ろう
12月 December	84ページ	85ページ「瀬戸の花嫁」	86ページ　今月のストレッチ／大掃除でお部屋ぴかぴか運動／賛美歌でクリスマス／年忘れ紅白対抗戦／サザエさん体操で元気ハツラツ／笑点のテーマ曲、ついて行けるかな？

ゲーム&物づくり	生活 ご当地 自慢	新米ゆめちゃんの 介護士日誌 ベテラン介護士より
12ページ お正月遊びと歌	12ページ	13ページ
18ページ 節分的当てゲーム	18ページ	19ページ
26ページ バラバラ文字合わせゲーム	26ページ	27ページ
32ページ バケツ太鼓でアフリカン音楽	32ページ	33ページ
39ページ 巻いて巻いてゲーム 缶で奏でる鳥笛	40ページ	41ページ
46ページ 効果音で五感を刺激しよう	46ページ	47ページ
	52ページ	53ページ
60ページ 夏の味・フリフリシャーベット	60ページ	61ページ
68ページ お月見団子をつくろう	68ページ	69ページ
74ページ やる気テーマソングで運動会	74ページ	75ページ
82ページ かまぼこ板のカスタネット	82ページ	83ページ
90ページ 今年を表す漢字はなぁに?	90ページ	91ページ

はじめに　2

◆オリジナル健康調査票　92
◆今日のイベント・参加者情報表　93
◆音育　1時間の流れ　94
◆個人情報表　95

1月 January

1月の目標

1　体力に合わせた活動目標を考えよう

1年元気に過ごせるようなプログラムを考えましょう。

2　「お正月遊び」で記憶がよみがえる回想法

昔遊びを定期的にとり込み、昔を想い出してもらうといいでしょう。

3　インフルエンザ・風邪予防は、うがい・手洗いから

外出後は必ずうがい手洗い。マスクもつけるといいでしょう。

1月の健康管理とアドバイス

感冒

「風邪は万病の元」と言います。無理をしないで体を休めましょう。

高齢者は、風邪から肺炎に進む危険性が高いので医師の診察をきちんと受けましょう。

流行性感冒（インフルエンザ）

ウイルスによって感染し、発熱、頭痛、筋肉痛、関節痛や倦怠感等の症状があります。

予防接種は高齢者や体力の弱っている人には有効なので、11月に入ったら接種を受けることをおすすめします。

今月の歌

明るい気持ちで軽やかに歌おう

早春賦

作詞　吉丸一昌　作曲　中田　章

F　F/A　Dm　B♭　F/C　C7　F
はるはなのみのかぜのさむさやーた
F　F/A　Dm　Gm7/B♭　F/C　C7　F
にのうぐいすうたはおもえどーと
C7　F　F♯dim　Gm7　C　B♭6　Dm/A　Gm7　F/A　F
きにあらずーとこえもたーてずーと
F　F/A　B♭　Dm　B♭6　F/C　F
きにあらずとこえーもたーてずー

2番　氷融《と》け去り　葦《あし》はつのぐむ
さては時ぞと　思うあやにく
今日も昨日も　雪の空
今日も昨日も　雪の空

3番　春と聞かねば　知らでありしを
聞けば急かるる　胸の思いを
いかにせよとの　この頃か
いかにせよとの　この頃か

1月 リズム運動・歌と遊び

今月のストレッチ

♥上半身のストレッチ♥

年の始めに願いを込めて、「幸せ手合わせストレッチ」をしましょう。

① 背筋を伸ばして立ち、顔の前で手を合わせて、４カウントします。

② 手を合わせたまま腕を前に伸ばして、４カウントします。

③ 両腕を頭の上に伸ばして手を合わせ、４カウントします。

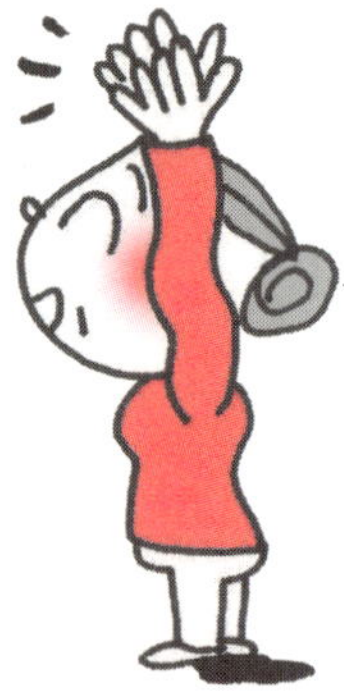

④ 腰を曲げ、手を合わせたまま床に届くようにおろして、４カウントします。

座って行う場合

●少しだけ浅めに腰かけて背筋を伸ばしましょう。

Point

●寒いと体が縮んでしまうので、意識して体を伸ばすようにしましょう。

さぁ伸び伸び運動だ！

お餅を食べ過ぎたぁ～

♥全身のストレッチ♥

びょ～んと伸びるお餅をイメージして、伸び伸び運動をしましょう。

【準備するもの】
平ゴム（なるべくゴムの力が強いもの）

① 輪にしたゴムの中に入って向き合って立ち、背中にゴムがあたっている状態にします。

② 「よーいドン」の合図でお互いに後ろ向きになり、自分の前にある鏡餅（ほかの物でもよい）を取りに動きます。

③ 早く取れたほうが勝ちです。

Point

●同じくらいの体重の人とペアで行い、ゴムの力を使って負荷をかけた運動をします。

●すべらないよう、気をつけて見守りましょう。

つまんで移して箸レース

♥指・腕のストレッチ♥

「つまむ・はさむ・握る」一連の動きは、遊びながら運動にもなります。
豆などの小さい物より、大きめでつまみやすい物を選び、
達成感を味わえるようにしましょう。

【準備するもの】スポンジ（3cm角）20個　ボウル　どんぶり（お椀）　箸

① スポンジをボウルに入れておきます。

② 歌に合わせて、箸を使って、スポンジをボウルからどんぶりに移していきます。

③ 歌が終わるまでに何個ぐらい移せるかな？　時間を計って競うのもいいですね。

こんな歌もピッタリ！
「雪」

Point

- 指先を使うことで、つまむ力がついてきます。
- 箸の種類で難易度が変わりますので、慣れてきたら使い分けてみましょう。
- つまみやすいもの…割り箸・塗りのない箸・塗り箸（滑り止め付）
- つまみにくいもの…塗り箸・プラスチック箸

ガラガラうがい歌

風邪予防のためのうがいなので、喉の奥のほうに水を置き、
うがいするように歌います。
「かえるの合唱」のように4フレーズで歌える短い歌を選びます。

① 口の中にうがいのできる量の水か、ぬるま湯をふくみます。

② 「ガラガラ」うがいをしながら喉の奥で、「かえるの合唱」を歌いましょう。

Point

- 水にむせないよう気をつけて見守りましょう。

♪【かえるの合唱】作詞　岡本敏明　ドイツ民謡

かえるのうたが　きこえてくるよ
クヮ　クヮ　クヮ　クヮ　ケケケケ　ケケケケ　クヮクヮクヮ

歌い始めはにぎやかに

♥上半身のストレッチ♥

さあみんなで「ズンドコ節」を大合唱しましょう。
「トコズン ズン ズンドコ」のフレーズの箇所はより大きな声で、
振り付けを交えて歌いましょう。

Point

●腰をひねりながら、腕を曲げ伸ばしして体を動かします。

【ズンドコ節】 作詞 不祥 作曲 佐藤富房

♪汽車の

♪窓から

♪手をにぎり

♪送って

♪くれた

♪人よりも

♪ホームの

♪陰で

♪泣いて

♪いた

♪可愛い
♪忘られ

♪あの娘が
♪ぬ

くりかえす

♪トコズンドコ

♪ズンドコ

ビン笛で腹式呼吸をしてみよう

♥呼吸のストレッチ♥

笛を使って肺の運動をしましょう。
対象者の持つ力に合わせてビンの重さを調節します。
口先だけではなく、おなかから吹き出すように音を出しましょう。

① ビンの口から息を吹き入れ、まず「ポー・ポー」と音を出してみます。

② 曲を決めたら、その曲のメロディーに合わせて音を出し、みんなで大合奏をしましょう。

【準備するもの】口の小さなビン（スリムな形のポン酢のビンなど）

Point
●落とした時に割れないように、ビンには薄手のタオルを巻いておくとよいでしょう。

こんな歌もピッタリ！
「冬景色」「雪」

十二支の鳴き声リズム合わせ

♥頭のストレッチ♥

十二支がスラスラと出てきますか？
リズムに合わせてテンポよく十二支を言ってみましょう。

【準備するもの】
十二支の絵や写真

① 「今年の干支は？」「あなたの干支は？」と、利用者に言葉かけをします。

② 「正解」の場合は、その干支の絵をみんなに見せます。

③ 絵を見て、鳴き声でその干支を表現します。

※ 「ねー うし とら」……→「チュー モォー ガォー」のように組み合わせを変えてリズム遊びをしましょう。

Point
●干支を逆に言ってみたり、1つとばしなどのルールを決めると、脳トレーニングになります。

1月 ゲーム&物づくり

お正月遊びと歌 ♥全身のストレッチ♥

【準備するもの】
うちわ　新聞紙

お正月遊びのいろいろなおもちゃを紹介しながら、そのおもちゃにまつわる歌を歌いましょう。

① 凧、こま、双六、かるたなど、お正月遊びの定番おもちゃを何種類か用意しておき、一通りみんなで遊びます。

② その後、それぞれ好きな物を1つ選んでもらい、まつわる思い出を話し合いましょう。

手づくり巨大はねつきで遊びましょう

① 円陣を組んで行います。

② 新聞紙を野球ボールぐらいに丸めて羽根をつくります。

③ うちわを羽子板に見立て、ボールを打ち合います。

こんな歌もピッタリ！

「お正月」「一月一日」「凧の歌」　など

生活 ご当地自慢

お雑煮ご当地自慢

お雑煮は、1年の無事を願ってお正月に食べる伝統的な日本料理です。お餅の形からだし汁、具材に至るまで全国さまざま。お正月が近づくとお雑煮の話題で盛り上がる事でしょう。

1人ひとりに出身地と我が家の自慢雑煮を紹介してもらい、それを地図にかき込んでいけば、お雑煮一杯で全国グルメ旅をした気分になりますね。

Point

●最初はスタッフの方が、自分のご当地お雑煮を話し始めると、その後が発言しやすくなります。導いてあげましょう。

新米ゆめちゃんの 介護士日誌

「やる気！ 元気！ 笑顔！」をモットーに奮闘中のゆめちゃんは、介護士になって1年目。一生懸命のあまり、ときには周りを巻きこんでしまう事もあるけれど、涙もろくて優しい女の子。そんなゆめちゃんのハリキリ介護士日誌です。

ゆめちゃんは、迷インタビュアー

今年は、より充実したサービスを目指すわ！
おーっ
それには、もっとみなさんのことを知らなくては……
うん
そうだ！ ご本人やご家族から聞き取り調査をしよう
キラキラ
食事はよく食べられます?
トイレは大丈夫ですか?
夜はぐっすり眠れますか?
何か困っている事はないですか?
がんばるぞー!!
あけすけな人ですなぁ
ひそひそ
プライバシーを侵害されているような……

ベテラン介護士より

一生懸命な気持ちはわかるけど、利用者さんにいろいろと聞く前に、日頃から１人ひとりを注意深く観察して、気を配ることが大切。「観察」とは外見だけではなく「心の中や気持ち」も含めて察してあげることです。

「洋服は汚れていないか？」「おしっこ臭くないか？」「汗のにおいは？」「お風呂入れているのかな？」「夜はしっかり眠れているのかな？」など、顔色、活気、言動、行動、目つきなどから、いろいろなことが見えてくるはずです。「見て・感じて」気がついてあげることが一番大事よ。

ゆめちゃん、がんばってね。

2月 February

2月の目標

1 真冬の寒さに注意し乾燥予防、のど予防をしよう

室内レクなどで声を出す際には飲水に心がけましょう。

2 外に出る機会が減るため、室内で筋力維持運動をしよう

寒いと体を動かす回数が減るので、毎日簡単なストレッチをしましょう。

3 室内活動を充実させよう

自宅でこもりがちになる冬、楽しい活動をたくさん提供しましょう。

2月の健康管理とアドバイス

肺炎

肺炎を起こすと呼吸に支障をきたし、咳や痰がでます。

高齢者に多い肺炎の一つに「誤飲性肺炎」があります。

食事のとり方や食事環境を整え、口腔ケアや歯科治療を大切に考えましょう。

脱水症状

脱水症状は暑い夏だけに起きるものではありません。

冬、暖房のきいた部屋に換気なしで閉じこもったり、風邪で熱が出て体の水分量が減少すると脱水は起こります。

こまめに水分補給をしましょう。

今月の歌

冬の夜

文部省唱歌

と　もし　びー　ち　ーか　く　き　ぬぬ　うー　は　はは
は　ーる　のー　あ　そび　の　た　のし　さ　か　たる
い　なら　ぶー　こ　ども　は　ゆ　ーび　をー　お　りつつ
ひ　ーか　ずー　か　ぞえ　て　よ　ろこ　び　い　さむ
い　ろりびはー　とーろ　とーろ　そ　ーとーはー　ふーぶーき

2番
いろりの端に　なわなう父は
過ぎしいくさの　てがらを語る
居並ぶ子どもは　ねむさ忘れて
耳を傾け　こぶしを握る
いろり火は　とろとろ
外は吹雪

2月 リズム運動・歌と遊び

今月のストレッチ

♥下半身のストレッチ♥

寒さが厳しくなり、外へ出る回数が減る2月。
下肢の筋力が強くなるようなリズム体操をしましょう。

① 背筋を伸ばして立ちます。

② その場で８回足踏みをします。

座って行う場合

●少しだけ浅めに腰かけると足が動かしやすいです。

③ 右足から４歩前に出て、左足から４歩後ろに下がります。

④ 右足から４歩後ろに下がり、左足から４歩前に進みます。

Point

●動きは簡単なので、体力に合わせて回数を増やしましょう。

豆まき体操

【準備するもの】
リボンやひも（1m）
タオル

♥上半身のストレッチ♥

「鬼は～外！　福は～内！」童心に帰って豆まき体操をしましょう。

① 団子状にしたタオルを１mほどのリボンやひもの先につけて準備します。

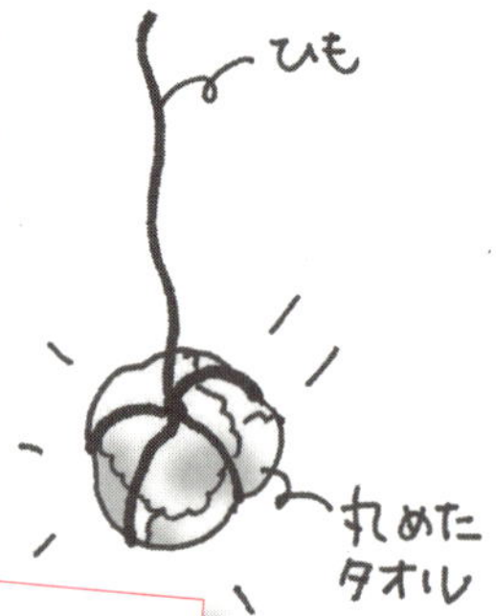

② 鬼役と福役を決め、「豆まき」の歌をうたいながら、福役の人は、ひもを離さないようにして、タオル団子を鬼に向けて上や下、横に投げましょう。

Point

●腕の振り運動と同時に投げる時に腰ひねり運動になります。

♪【豆まき】 絵本唱歌

鬼は外　福は内　ぱらっぱらっ　ぱらっぱらっ　豆の音　鬼は　こっそり　逃げてゆく

歌を聞いてイメージをふくらませよう

♥頭のストレッチ♥

「春よ来い」の歌を歌った後に、歌から思い浮かぶ
いろいろな質問をしてみましょう。

1　この歌の季節はいつですか?
2　どんな人物がでてきますか?
3　どこの土地の歌でしょう?
　どんな情景が浮かびますか?
4　どんな色のイメージですか?

Point
●いろいろなことを想像することは脳の活性化につながります。

♪【春よ来い】　作詞　相馬御風　作曲　弘田龍太郎

春よ来い　早く来い　あるきはじめた　みいちゃんが
赤い鼻緒の　じょじょはいて　おんもへ出たいと　待っている

こんな歌もピッタリ!
「松の木小唄」「富士山」

音を楽しむビーンズシェイカー

♥指と上半身のストレッチ♥

ペットボトルでつくるシェイカーで、自分の音だけではなく、
隣の音に合わせることができるリズム感を養います。

【準備するもの】
大豆適量
350mℓのペットボトル

① 乾いたボトルの中に適量の豆を入れます。
② まず1人鳴らして、隣の人はその音を聞きながら、同じように鳴らします。
③ 全員の音がきれいに合うよう練習しましょう。

※「お座敷小唄」のような明るい曲に合わせて、シェイカーを鳴らして合奏しましょう。

Point
●指や手首でしっかり握る運動と、腕を振る運動になります。

こんな歌もピッタリ!
「あのこはだあれ」「おさるのかごや」

2月 ゲーム&物づくり

節分的当てゲーム ♥上半身のストレッチ♥

バルーンの真ん中に貼った鬼めがけて
ボールを投げるゲームです。
見事当たると鈴がチリリンと鳴りますよ。

【準備するもの】
鬼のお面（絵） 鈴 ひも 新聞紙を丸めたボール

① 細長いバルーンの先を2cm残してふくらませ、輪にして結び合わせます。

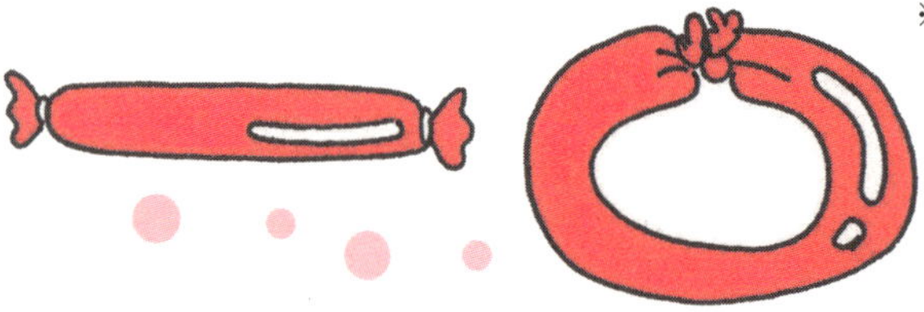

② 丸いバルーンの中に鈴を入れ、ふくらませます。
※ポンプを使うと楽に膨らませます。

Point
●腕を振り上げて、命中するように動かすことで肩の運動になります。

③ 2つのバルーンをひもでつなぎ、丸いバルーンに鬼の顔を貼ります。

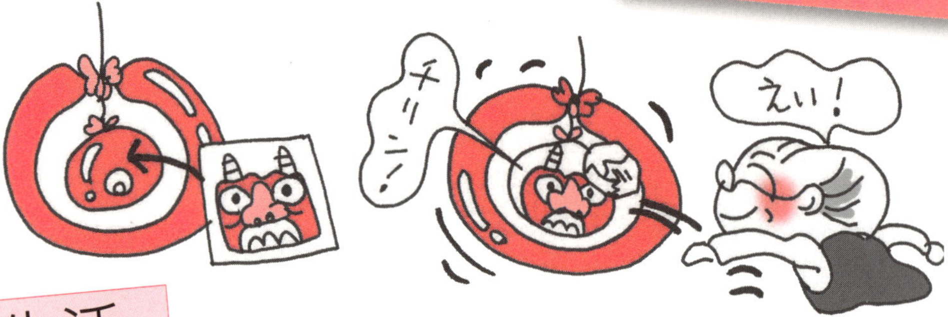

生活ご当地自慢

おすすめの梅の木はどこですか？

「梅の花は白・赤どちらが好きですか？」「全国で有名な梅の名所はどこ？」「梅と言って思い出す物は？」といった連想ゲームも楽しいですね。

お話の最後には、梅の名所、水戸の偕楽園にちなんで人気TVドラマ「水戸黄門」のテーマ曲で大合唱。
「トン・トトトトン・トトトトン・トトト トトト トトト」と手足でリズムをつけたら、さらに盛り上がりますよ

新米ゆめちゃんの介護士日誌

張り切り過ぎは失敗の元

みなさんには室内でも
アクティブに過ごしてもらいたいわ
歌だけじゃなくて劇も……
カリカリカリ
工作もしたいし
運動も工夫が必要
チラシをつくって
全員参加よ
みなさーん、楽しいですよ。ぜひ参加してくださーい！
ゆめさーん、これでいいですか？
ゆめさん、しっかりしてくださいよ
準備だけでぐったりしちゃった……
ハードな毎日だなぁ
ゆめさーん、これ、どうするの？

ベテラン介護士より

そんなに盛りだくさんで提供したら疲れてしまう利用者さんもいるのよ。「楽しそうにしている？」「疲れていない？」など、常に目配りをして、できる人とできない人を見極めるのも肝心。その日のことだけでなく、年間を通じ全体を考えてプランを立てないと、利用者さんのためにはならないのよ。

今日できなくても明日できればいいし、今月無理ならば来月……というように、あせらず気持ちに余裕を持って接しましょう。年間のレクリエーションやリハビリを考えることで、1人ひとりとどう向き合えばいいのかが見えてくるものよ。

3月March

3月の目標

1　立春を過ぎたらもう春。
体調の変化に注意しよう

3月とはいえまだまだ寒い日が続きますので、温度調節に気を配りましょう。

2　春の訪れを感じながら外へ出るための体力づくり

毎日少しずつ体を動かせるようなストレッチをしましょう。

3　外気浴で春の音を感じよう

暖かい日は窓を開けて自然の空気を体に取り込みましょう。

3月の健康管理とアドバイス

花粉症

花粉症はある年から突然現れるように思われがちですが、発症までは潜伏期間があります。くしゃみや、鼻水、目や耳や皮膚のかゆみには辛いものがありますので、環境を整えたり、薬を使うなど治療法もさまざまです。できる配慮と環境はしっかりと整えましょう

うつ病

高齢になると体の老化や社会からの孤立などさまざまな環境から不安や孤独になります。

社会への適応ができなくなることの不安、日常生活での小さな出来事でも、悩みは尽きません。

周りにいる人がその変化に気づいて支えてあげることがとても大切です

今月の歌

仰げば尊し

文部省唱歌

E♭ Fm/E♭ E♭ A♭/E♭ E♭ B♭ E♭/B♭ B♭7 E♭
6/8
あ お げ ば と う と し わ が し の お ん ー
E♭ Fm/E♭ E♭ A♭/E♭ E♭ Fm/A♭ B♭ E♭
お し え の に わ に も は や い く と せ ー
E♭ A♭ A♭/C E♭ B♭/D Cm B♭/F F7 B♭
お も え ば い と と し こ の と し つ き ー
B♭ E♭ B♭/F E♭/G A♭ Fm B♭ E♭
い ま こ そ わ か れ め い ざ さ ら ー ば ー

2番

互《たが》いにむつみし　日ごろの恩
わかるる後《のち》にも　やよわするな
身をたて名をあげ　やよはげめよ
今こそわかれめ　いざさらば

3番

朝夕なれにし　まなびの窓
ほたるのともし火　つむ白雪
わするるまぞなき　ゆくとし月
今こそわかれめ　いざさらば

3月 リズム運動・歌と遊び

今月のストレッチ

♥大腿四頭筋（太もも）のストレッチ♥

春の訪れを感じる日も増えてきましたね。
外へ出る季節を待ちわびながら下肢の力をつけましょう。

① 背筋を伸ばして座ります。

② 右足を伸ばして上げて止め、８数えて戻します。

③ 左足を伸ばして上げて止め、８数えて戻します。

④ 両足を伸ばして上げて止め、８数えて戻します。

Point

- 太ももがプルプルしてきたら、筋肉の運動になっている証拠です。プルプルしてから10秒以上、持続するとより効果的です。
- 終わったら、太ももをグーの手でたたいてほぐしておくといいでしょう。

ラップ芯でリズム体操

♥上半身・腕のストレッチ♥

歌に合わせて竹やラップの芯を回したり、
鳴らしたり、動かしたりしながら、リズムを刻みましょう。

【準備するもの】
ラップ芯　新聞紙を固く丸めてビニールテープで巻いたもの　など

こんな歌もピッタリ！
「お祭りサンバ」

① 両手に１本ずつ持ち、体の前で振ります。

② 上にあげて振ります。

③ 右上で叩いて鳴らし、次に左上で鳴らします。

④ 右手から手前に回し、左も同じように回します。

⑤ 両手を空中で回します。

Point

- 腕の力や物を瞬間につかむ力がつきます。

「仰げば尊し」で思い出そう　青春時代

♥頭と心のストレッチ♥

3月は卒業シーズンです。
懐かしく、せつない想いがこみ上げる歌をうたって、
心に残る友人や先生の話を聞いてみましょう。

① 「仰げば尊し」をみんなで大合唱します。
② 歌詞の意味をみんなで解説しましょう。
③ 思い出に残っている友人や先生の名前を言ってもらいましょう。

Point
●回想法は脳の刺激になり、また心が動く思い出は感情面での刺激になります。

こんな歌も
ピッタリ！

「蛍の光」「さくら（森山直太朗）」「贈る言葉」「青春時代」

しあわせなら歌じゃんけん

♥全身のストレッチ♥

「しあわせなら手を叩こう」の歌を替え歌にして、
歌じゃんけんをします。手だけでなく、いろいろな部位の
じゃんけんで童心にかえって盛り上がりましょう。

Point
●バランスよく立ちながら、歌に合わせて動きましょう。

♪○○○○○○
指じゃんけん

♪○○○○○○
腕じゃんけん

♪○○○○○○
足でもじゃんけんだ

♪○○○○○○
じゃんけんぽん

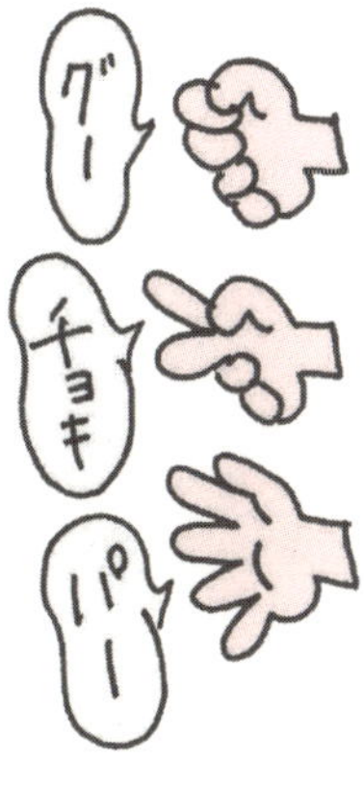

時代劇のヒーローは誰!?

♥頭と心のストレッチ♥

昔懐かし時代劇──あなたのヒーローは誰でしたか?
それぞれの思い出の時代劇をあげてもらい、
主人公の決め台詞や主題歌を歌って盛り上がりましょう。

Point

●記憶をたどることは脳の刺激になり、また楽しい話で笑い合うことは、心にいい刺激を与えます。

ひとーつ 人世の生き血を すすり…
●桃太郎侍
●遠山の金さん
忘れたとは 言わせねぇぜ!
こんな 決め台詞が ありました
冥府魔道に 生きる親子 ゆえ…
●子連れ狼
よよよい!よよよい!
●伝七捕物帳
あっしには 関わりのねぇことで ござんす
ペッ
●木枯らし紋次郎
ええい、控えおろう!
●水戸黄門
いやな渡世だねえ
●座頭市

歌って踊れるご当地民謡

♥全身のストレッチ♥

古くから日本各地で歌い継がれてきた民謡には、
心を打つものがたくさんありますね。それぞれの心に残っている
民謡をみんなで一緒に楽しみましょう。

① 表に「県名」、裏に「曲名」を書いたカードをつくり、箱の中に入れます。
② 箱からカードを１枚取り出し、書かれている「民謡」をみんなで踊ったり、歌ったりします。歌い終わったら、次のカードを引きます。
※カラオケやCDに合わせて一緒に歌ったり、知っている人が師匠になって指導してもいいですね。

徳島

Point
●指や手首、腕、腰も使うために、下肢には体重がかかり全身の運動になります。

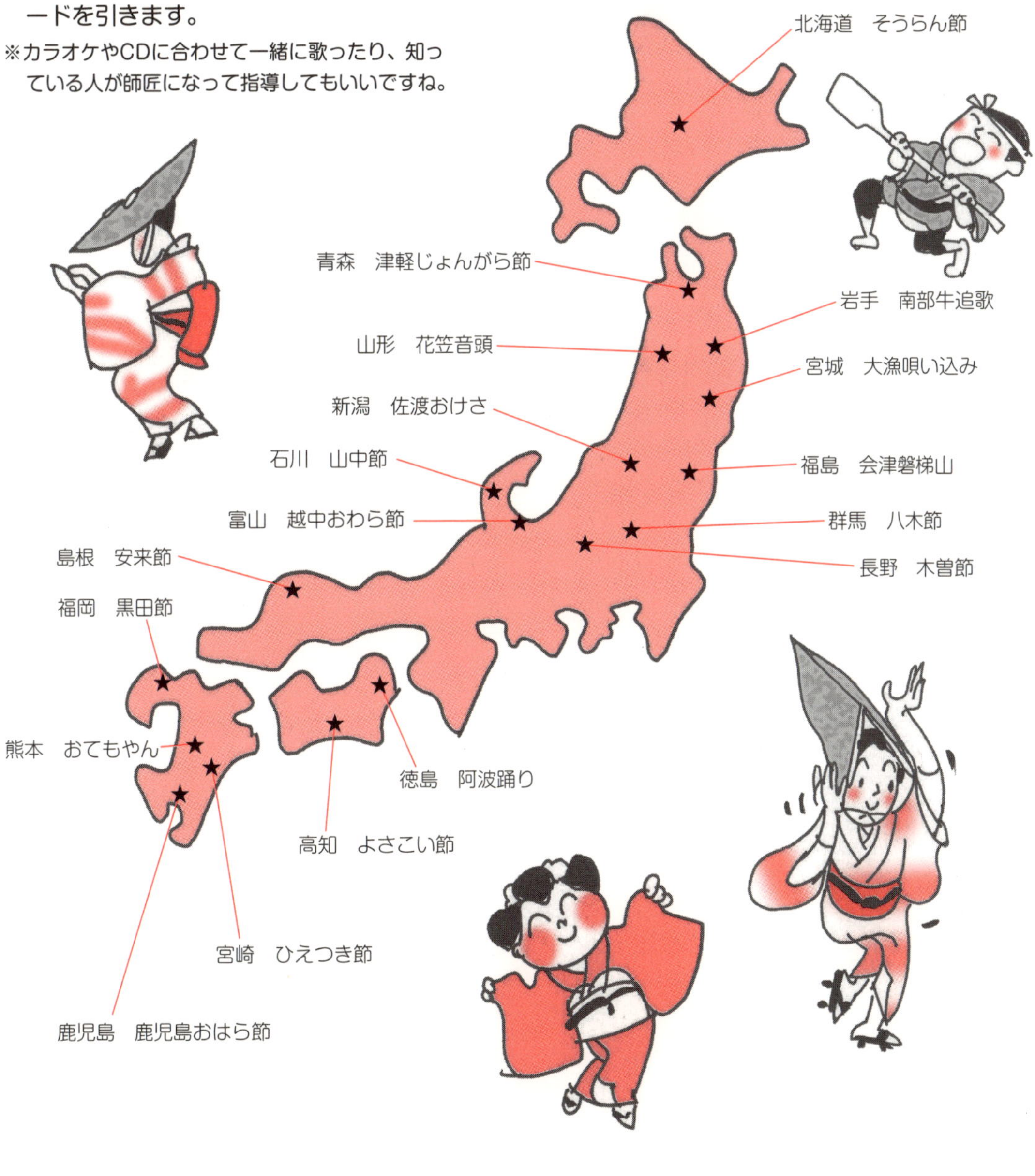
北海道　そうらん節
青森　津軽じょんがら節
岩手　南部牛追歌
山形　花笠音頭
宮城　大漁唄い込み
新潟　佐渡おけさ
石川　山中節
福島　会津磐梯山
富山　越中おわら節
群馬　八木節
長野　木曽節
島根　安来節
福岡　黒田節
熊本　おてもやん
徳島　阿波踊り
高知　よさこい節
宮崎　ひえつき節
鹿児島　鹿児島おはら節

3月 ゲーム&物づくり

バラバラ文字合わせゲーム ♥頭のストレッチ♥

簡単な（小学校1年～2年程度）漢字と接続詞カードを
合わせて短い文をつくり、連想される歌を歌いましょう。

① 漢字カードは1枚1文字で、接続詞カードは「と・の・に・を・が」をつくります。
② 漢字カードと接続詞カードを分けておき、漢字は2枚、接続詞は1枚選んで文にします。
〈例〉「月」「と」「花」
③ 漢字から連想される歌を決めて、みんなで歌いましょう。
〈例〉「月の砂漠」「花」「さくらさくら」 など

Point
●ゆっくり考えて頭に刺激を与えます。

生活 ご当地自慢

全国のひな祭りを学ぼう

全国のおひな様やひな祭りの由来、子どもの頃のひな祭りの思い出などを話してもらいましょう。おひな様の種類や段飾り、配置、飾る花、料理など、地方によっていろいろな特徴があることに気づかされます。

そして、最後は「ひなまつり」の歌をみんなで歌いましょう。

♪【うれしいひなまつり】 作詞 サトウハチロー 作曲 河村光陽

あかりをつけましょ ぼんぼりに お花をあげましょ 桃の花
五人ばやしの 笛太鼓 今日はたのしい ひな祭り

新米ゆめちゃんの介護士日誌

親しき仲にもルールあり

ケース1
これ、おすそわけ
まんじゅう
数日後
あれまだある?
孫が持って来て
くれた物なのよ
えっ
食べちゃった…
全部あげたわけじゃ
なかったのに！
ケース2
ゆめさんは、
何が好きかのう？
そうですね。
メロンかな
後日
ゆめさんに
ねだられましてな
そりゃ、散財
しましたな
デパートの領収書
え～～
ケース3
お風呂の間、
ちょっと預かって
はい。
入浴後
少し減って
いるわ
ガーン
ひどいわー
どうしたらいいのー

ベテラン介護士より

① まずは「もらわない」が原則。または、相手がしつこく言うようであれば「預かる」ことにして、その事実をスタッフ間で共有しておきましょう。認知症ではなくても、このようなトラブルは信用を失います。トラブルが起きないよう、対応や行動に注意しましょう。

② スタッフが自宅の住所を教えたりすると、贈り物が届くケースもありますので、絶対に教えないようにしましょう。お断りする勇気も必要です。

③ お財布を預かる時は最初に中身を確認して、高価なものと思われるものは預かり表を準備し、2人体制をとるようにして対応しましょう。

4月 April

4月の目標

1 出会いの季節です。多くの方とコミュニケーションを図ろう

話をたくさんすることで心に元気を与えましょう。

2 外へ出てリズミカルに歩き出そう

晴れた日や暖かい日は外を歩きましょう。

3 心がウキウキはずんでくる春の音を探そう

耳を傾けて鳥の声、木の葉の音など自然を五感で感じましょう。

4月の健康管理とアドバイス

関節痛

老化に伴い、関節痛に悩む高齢者は増えています。関節周囲にトラブルが生じると普段より機能が低下します。

同じ姿勢をずっと続けていることも原因の一つです。

高齢者は通常より動くことが減るため、症状や状態に合わせて運動を提供していきましょう。

時々、ちょっと
体を動かそう!

食欲と栄養

高齢者は体が消費するエネルギーが若年者に比べて少ないため、食事からエネルギーをたくさん摂る必要がなくなり、食欲が低下する原因の一つになります。

味や匂い、見た目、心の不安定や運動不足、薬の副作用、さまざまな理由に気を配って対応しましょう。

毎日の
食事を
楽しくする
工夫を!

今月の歌

おぼろ月夜

作詞　高野辰之　作曲　岡野貞一

D D D/F♯ G D/F♯ G6 D/F♯ A
な の は な ば た け ー に い り ひ う す
D D/C♯ A/C♯ D G D/A A7
れ み わ た す や ま の ー は か す み ふ か
D D Bm D/C♯ A/C♯ D E7 A D D/A D/G D/A
し は る か ぜ そ よ ふ ー く そ ー ら を み れ
A D D Em D/F♯ G D/F♯ G G/A A7 D
ば ゆ う づ き か か り ー て に お い あ わ し

2番
里わの火影《ほかげ》も　森の色も
田中の小路《こみち》をたどる人も
蛙《かわず》のなくねも　かねの音も
さながら霞《かす》めるおぼろ月夜

4月 リズム運動・歌と遊び

今月のストレッチ

♥全身のストレッチ♥

軽快に元気よく腕と足を振り、
歩いているイメージをつくりながら動きましょう。

① 背筋を伸ばして座ります。

② まずは両手を大きく振り上げて、右、左と腕を8回振ります。

③ 次に足踏みを8回します。

④ 最後に手足同時に8回動かし、それを2回行います。

Point
●手足を大きく振る動作でバランス運動になります。

高く積み上げて箱タワー

♥全身のストレッチ♥

【準備するもの】
段ボール箱や菓子箱(大中小のさまざまな箱を20個程度)

いろいろなサイズの箱を積み上げていき、
曲が終わるまでに、いくつ積んだかを競うゲームです。

座って行う場合
●机の上に乗るような小さい箱を用意し、積み上げるようにします。

① 2チームに分かれて行います。
② 曲のスタートとともに、箱を積み上げていきます。曲が終わった時点で、何個積めたかを数えます。しっかり積めていないとダメですよ。

Point
●短い曲で、瞬発的に動いてみましょう。

こんな歌もピッタリ！

「うさぎのダンス」「どじょっこふなっこ」

「春」をテーマに歌おう

♥頭のストレッチ♥

暖かくなり、外へ出かけたくなる季節になりました。
散歩をイメージしてみんなで「くつが鳴る」を
歌った後にいろいろな質問をしてみましょう。

① どんな人物がでてきますか?
② どこの土地の歌でしょう?
③ 何が思い浮かびますか?
④ この歌のイメージは何色ですか?

Point
●質問が記憶力や想像力を高め、頭の刺激になりますよ。

♪【くつが鳴る】 作詞 清水かつら 作曲 弘田龍太郎

お手々 つないで 野道を ゆけば みんな かわいい
ことりに なって 歌を うたえば くつがなる
晴れた み空に くつがなる

こんな歌もピッタリ!

「ゆりかごの歌」「丘を越えて」
「歌の街」「赤い靴」「森の鍛冶屋」

逆野球拳!

♥上半身のストレッチ♥

大きなジェスチャーを交えて
「アウト! セーフ! ヨヨイノヨイ!」
一体感の生まれるゲームです。

Point
●指先や腕の運動になります。

① チーム対抗戦で行い、代表者を一人選びます。
② 曲の開始でスタート。「アウト セーフ ヨヨイノヨイ」でじゃんけんをし、勝った人に、チームのみんなで服を着せます。
③ 曲が終わるまでに多く着ていたほうが勝ちになります。

Point
●服はきちんと腕を通す。
●ボタンは、しっかりかける。
●チャックは、上まで上げる。

4月 ゲーム&物づくり

♥上半身のストレッチ♥

バケツ太鼓でアフリカン音楽

叩いて音の出る太鼓には音階を意識することがないので、
音の質や強弱、響きで素敵なリズムを奏でることができます。

【準備するもの】
ポリバケツ　カラーガムテープ

●つくり方

① バケツの口の部分から、放射線状にガムテープを貼っていきます。

※ピンと貼ることがよい音を出すコツです。

② 貼り終わったら、縦方向に貼ります。

③ バケツの外周にガムテープを2周くらい巻きつけます。

※音楽をバックに流し、リズムに合わせながら叩きましょう。

Point

●音の強弱は手や腕の力加減で調節しましょう。

こんな歌もピッタリ！

「肩たたき」「港」「花」

生活 ご当地 自慢

ここの桜が一番！ 桜名所自慢大会

春になると町や山がピンクに染まり、人々の心を和ませてくれる桜。

それぞれに好きな桜の名所や桜にまつわる思い出を話してもらい、「私の桜自慢」をしてもらいましょう。

① 桜にはどんな種類の桜があるか尋ねましょう。

② 今まで見た中で一番の桜を言ってもらいましょう。

③ 行ってみたい桜の名所をあげてもらいましょう。

④ 最後に桜にまつわる歌をみんなで歌いましょう。

こんな歌もピッタリ！

「さくらさくら」「夜桜お七」

新米ゆめちゃんの介護士日誌

自慢話は最高の回想法?

初めまして。お世話になります。
わたし○と申します
新しい利用者の○さん
まぁー、ご立派なお仕事されてたんですね
!
いやー、たいした事ありません
いやー
それはそれは
実はわたし元○○でして
実は私も元▲▲でして
名刺ブームになってしまったわ……
!
わたし、こうみえてもスチュワーデスでしたの
うちにはメイドが5人おりますの
婦長をしておりましたの
女性陣も……
自慢話していると、みんな生き生きするのね

ベテラン介護士より

昔を思い出す「回想法」は認知症の方や予防には欠かせません。脳の刺激と考えることにより、さまざまな情景が描写されて言葉となり表現されています。もちろん勘違いはいくらでもありますが、そんなことは大きな問題ではありません。同じようなことや話題が何度繰り返されてもきちんと応対していきましょう。

どのような状況からでも、その人の「人となり」や「生き様」などが見られることもあり、必要な発見となるものです。心から受け止め、傾聴する姿勢で対話することが大切なことです。

5月May

5月の目標

1　森林浴は心身ともにリラックスできます。森の音を聞こう

緑の木の下や芝生の上で心地いい時間を過ごして心を豊かにしましょう。

2　体をたっぷり動かし元気に活動しよう

暑くて紫外線も強くなる季節なので、水分補給や休憩をしながら動きましょう。

3　室内から外へ出て春探し。五感を刺激しよう

見て、聞いて、触れて、香って、食して……春を感じましょう。

5月の健康管理とアドバイス

血圧測定

血圧を測定する時は座ってしばらく安静にした状態で測定します。

血圧はさまざまな理由で影響を受けて敏感に反応して高くなります。高血圧の方には、塩分控えめで、素材の味を楽しめる料理の工夫をしましょう。また、遊び感覚の軽い運動を取り入れるなどしていきましょう。

老人性難聴

早期には難聴の自覚がなく、耳鳴りだけを感じる場合があります。 難聴が発生した場合、ただ単に音が聞こえなくなっただけでなく、音は聞こえるが何を言っているかがわからないという状態がよくみられます。これは言葉の聞き取り能力の低下といい、老人性難聴の特徴です。

老人性難聴では、補聴器が必要か否かを判断する必要があります。耳鼻咽喉科での検査をうけ、どのような補聴器がよいのか相談してください。筆記のコミュニケーションもおすすめです。

手のひらを太陽に

作詞　やなせたかし　作曲　いずみたく

E♭ Fm B♭7 E♭
ぼくらはみんな いきている いきているから うたうんだ
E♭ Fm B♭ E♭
ぼくらはみんな いきている いきているから かなしいんだ
A♭ E♭ B♭7 E♭ G7/D
てのひらを たいように すかしてみれば
Cm E♭ F B♭7
まっかに ながれる ぼくのちしおー みみず
E♭ B♭7 E♭ C7
だって おけら だって あめんぼだって
Fm E♭ B♭7 E♭ B♭7 E♭
みんなみんな いきているんだ ともだちなんだ

2番

ぼくらはみんな　生きている
生きているから　笑うんだ
ぼくらはみんな　生きている
生きているから　うれしいんだ
手のひらを太陽に　すかしてみれば
まっかに流れる　ぼくの血潮《ちしお》
トンボだって　カエルだって ミツバチだって
みんな　みんな生きているんだ
友だちなんだ

3番

ぼくらはみんな　生きている
生きているから　おどるんだ
ぼくらはみんな　生きている
生きているから　愛するんだ
手のひらを太陽に　すかしてみれば
まっかに流れる　ぼくの血潮
スズメだって　イナゴだって カゲロウだって
みんな　みんな生きているんだ
友だちなんだ

5月 リズム運動・歌と遊び

今月のストレッチ

♥下肢のストレッチ♥

春の訪れを感じたら、さあ、散歩に出かけましょう。片足で立つことは歩くために大切な動作なので「けん・けん・ぱ」で運動しましょう。

① 背筋を伸ばして立ち、足踏みを8回します。
② 右足から「けん・けん・ぱ」を4回します。
③ また足踏みを8回し、左足から「けん・けん・ぱ」を4回します。

Point
●負荷をかけるために、足首にタオルや手ぬぐいを巻いておもりをつけてみましょう。筋力UPになります。

座って行う場合
●跳ねる動きを腰を上下することで体験しましょう。

背筋を伸ばして背くらべ

♥上半身のストレッチ♥

高齢者の身体は少しのことで変化します。体重測定だけでも健康管理には大切な項目ですので、体力測定は年に2～3回は行うようにしたいものです。

① 両手を頭の上に高く引き上げるように、伸びをします。
② 腕を耳に当てて、右上方、左上方に伸ばすとさらに腰が伸びやすくなります。

Point
●腰をひねりながら、腕を曲げ伸ばしして体を動かします。

こんな歌もピッタリ！
「背《せい》くらべ」

木々や葉の音を聞こう

♥頭と心のストレッチ♥

5月は緑の季節。光や風をうけて
キラキラと輝く葉たちが美しさを増してきます。
自然の息吹を感じとることが
心身をリラックスさせることにつながります。

Point
●耳を澄ませて自然と一体になり、いろいろな音を聞き分けてみましょう。

①　室内、屋外で、目をつぶって耳を澄ませます。
②　どんな音が聞こえてくるでしょうか?
③　自然の音、生活音、環境音……。
聞こえてきた音について、みんなで発表しあいましょう。

母の日に贈る　母の歌

♥頭と心のストレッチ♥

５月の第２日曜日は母の日です。
みんなでお母さんの思い出を話してみましょう。

①　最初にみんなで一緒に「母さんの歌」を歌います。
②　どんなお母さんでしたか?
③　お母さんとの一番の思い出は何ですか?
④　あなたにとってお母さんをイメージする歌は何ですか?
などの質問をします。最後にそれぞれの思い出の「母の歌」を歌ってもらいましょう。

♪【母さんの歌】　作詞／作曲　窪田　聡

かあさんが　夜なべをして　手袋あんでくれた
木枯らし吹いちゃ　冷たかろうて　せっせとあんだだよ
ふるさとの便りはとどく　いろりのにおいがした

Point
●回想して昔を懐かしみ、心身をリラックスさせましょう。

小人になって　どんじゃらホイ

♥全身のストレッチ♥

手足を同時に動かすことは、高齢者にとって難しい動きです。
頭と体を使いながら、リズムに合わせてみましょう。
「森の小人」の曲に合わせて動いてみましょう。

Point

●足を動かす事が難しい時は、手拍子でリズムをとりましょう。

【森の小人】　作詞　玉木登美夫・山川清　　作曲　山本雅之

♪森のこかげで

① 右足で足拍子4回

♪どんじゃらほい

② 左足で足拍子4回

♪しゃんしゃん手拍子

③ ①を繰り返す。

♪足拍子

④ ②を繰り返す。

♪たいこたたいて　ふえふいて

⑤ 右足から足踏み８回

♪今日は　お祭り　夢の国

⑥ 左足から足踏み８回

♪小人さんがそろって
にぎやかに

⑦ 手拍子しながら足踏み

♪あ　ほうい

ほういよ

⑧ 前へジャンプ

どんじゃら

ほい

⑨ 後ろへジャンプ

5月 ゲーム&物づくり

巻いて巻いてゲーム ♥指・上肢のストレッチ♥

カラフルなリボンを曲に合わせていろいろなところに巻きつける遊びです。身体の機能レベルに合わせてリボンの長さを短くしたり、長くしたりしましょう。

【準備するもの】
固めのラップ芯、直径2cmの棒、1ℓ以上のペットボトルなど
リボン(3m、 1m)

① それぞれ、巻きつけるもの（ラップ芯、棒など）とリボンを持ちます。
② 曲を決めておき、「スタート」でリボンを巻きつけていきます。
③ 曲が終わるまでにどのくらいきれいに巻けるでしょうか。

Point
●棒状のものの他に、ボール(大きいほど巻きつけやすい)、ペットボトル（滑るので難しい）など巻きつけるものをいろいろ変えてチャレンジしてみましょう。
●指先を使い、細かい手作業をして素早い動きをしてみましょう。

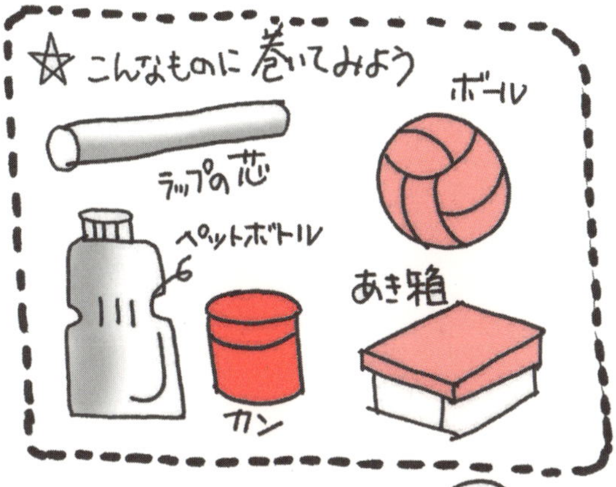
☆こんなものに巻いてみよう
ボール
ラップの芯
ペットボトル
あき箱
カン

かわいい♪ 手まりのようね
きれいに巻けると気持ちがいいですな
プレゼントしたくなりますな
巻くのってけっこうむずかしいわ

こんな歌もピッタリ！

「糸まきまき」「汽車」

缶で奏でる鳥笛

♥肺のストレッチ♥

【準備するもの】350mlアルミ缶
ストロー　ビニールテープ　キリ

アルミ缶とストローでつくる鳥笛。息を吹き入れると
鳥の鳴き声のような音がします。

ストローと飲み口をセロハンテープで固定する
ストローを切って短くする
カンに穴をあける

ピロー
ピキー

こんな歌もピッタリ！

「のばら」「エーデルワイス」「テネシーワルツ」

Point

●腹式呼吸をすることで全身に酸素を送り込みましょう。

生活ご当地自慢

こどもの日の思い出

5月5日はこどもの日。こいのぼり・鎧兜・ちまき・柏餅……。

すべてが子どもの成長を願い、喜び、母に感謝する日が「こどもの日」と定義づけられています。

「こいのぼり」や「背くらべ」などを歌って、子どもの頃に思いを馳せましょう。

♪【こいのぼり】　作詞　近藤宮子　作曲　不祥

屋根より　たかい　こいのぼり
おおきな　まごいは　おとうさん
ちいさい　ひごいは　子どもたち
おもしろそうに　およいでる

新米ゆめちゃんの介護士日誌

手品とマジックの違い?

さあ、みなさま
お待ちかねのマジックショーです
パチパチパチ
あら、ふしぎー!
あっ、糸が見える
このステッキ
タネも仕掛けもございません
花が飛び出すのね
肘パワー!!
あっ、袖口にお札が
昔見た手品はタネがわからなかったけれど、マジックは見せながらするものなのね
世の中、わかりやすくなったものね
ぷっ

ベテラン介護士より

何かに取り組むこと、継続した趣味を持つことは、高齢者にとって大事なことです。人からそれらを認められると自信につながり、向上心も芽生え、生きがいを感じていくものです。

高齢者アクティビティでは、介護者側が一方的に与えるだけではなく、個人が生きてきた中で育んできた事柄を引き出し、それを活用すること。また、生活の質を上げたり、生きがいを導いたりすることを大切に考えてレクリエーションに取り組んでほしいと思います。

どんなことでも、やらせてあげましょう。フォローするのは介護士さんの力量にかかっています。

6月 June

6月の目標

1 そろそろ梅雨です。雨音を楽しもう

雨の日を素敵な活動日に変身させましょう。

2 腹式呼吸をしよう

健康のためにも、おなかから深く長い呼吸ができるようにしましょう。

3 雨の日に備え、転倒予防運動を強化しよう

雨で歩きにくくなるので、転ばないよう気をつけましょう。

6月の健康管理とアドバイス

認知症

脳の老化に伴う物忘れと、認知症による記憶障害は違います。

認知症は家族や周囲の人に介護の負担をかける大きな疾患でもあります。

老化に伴う物忘れや脳血管性の認知症は、予防が可能と言われているので、回想や脳トレ、日常レクを充実させて予防に努めましょう。

回想は脳のトレーニング

食中毒

食中毒の予防には、
①菌をつけない　②菌を増やさない　③菌を殺す　が原則です。

高齢者の体は抵抗力が弱くなっているために少しの菌でも食中毒に感染しやすくなります。

嘔気、嘔吐、腹痛、下痢などの症状がでたらすぐに病院へ行きましょう。

うう…
もしかしたら食中毒かも……

今月の歌

宵待草

作詞　竹久夢二　作曲　多　忠亮

Cm Fm Cm G Cm
まーてどくらせどこーぬひーとを
G G/F Cm/E♭ Cm G Cm
よいまちぐーさのやるせーなさ
Cm G Cm Gm G Cm
こよいはつーきもでぬそうな

6月 リズム運動・歌と遊び

今月のストレッチ

♥首・肩のストレッチ♥

雨の多い季節です。室内でも楽しめるレクで
うっとうしい気分を吹き飛ばしましょう。

① 背筋を伸ばして座り、首を前後に振ります。(4回)

② 首を左右に振ります。(4回)

③ 右から首を回します。(4回)

④ 左から首を回します。(4回)

⑤ ゆっくり息を吸いながら両手を上げます。

⑥ ゆっくり息を吐きながら両手を下げます。

Point
●首や肩は意識して回さないと硬くなりやすいので動かしましょう。

手拍子で遊ぼう

♥手首のストレッチ♥

手拍子でリズムを刻みながらみんなで手を合わせましょう。
そして楽器のかわりにもなる手拍子で
楽しく音遊びをしてみましょう。

Point
●耳を澄ませてリズムに合わせて動かしましょう。

★「バラが咲いた」に合わせて、手拍子をしましょう

♪ばーらが ♪さいた ♪ばーらが ♪さいた

●2拍子

●3拍子

※慣れて来たら、4拍子(トン　トン　トン　トン)、3・3・7拍子(トントントン　トントントン　トントントントントントントン)にもチャレンジしてみましょう。

写真から浮かぶ歌を考えよう

♥頭ストレッチ♥

写真を見ながら思いつく歌をみんなで歌ってみましょう。
いろいろな見方、感じ方が表現されるので
新しい発見になります。

【準備するもの】
カレンダーや雑誌、
広告の写真

① 「この写真から、どんなことがわかりますか?」と、写真から思いつくことがらをできるだけたくさん出してもらい、ボードに書きとめます。
② ボードに書かれた「言葉」から連想する歌を考えて、みんなで歌いましょう。

こんな歌もピッタリ！

「雨」「雨ふりお月さん」

あんたが大将！

♥頭と心のストレッチ♥

「仕切り屋親分タイプ」は、どこにも一人はいるものですね。
利用者のその日の気持ちや気分に合わせて
「盛り上げ屋さん」を決めて楽しみましょう。

① 最初にテーマ曲の「あんたが大将」をみんなで歌います。
② その日のレクリーダーを決め、自己紹介をしてもらいます。
③ リーダーに好きな歌をカラオケなどに合わせて披露してもらいます。
④ 歌終了後はみんなで、リーダーにいろいろな質問をしましょう。
⑤ 最後にリーダーにみんなで歌う曲を決めてもらい、歌いましょう。

Point
●人それぞれが大将になれるものです。「今日の大将」を応援してあげましょう。

効果音で五感を刺激しよう

♥五感のストレッチ♥

ざるやうちわなど身近にあるもので、ラジオドラマなどで使われているような効果音にチャレンジしてみましょう。どんなユニークな音がつくり出せるでしょうか?

ざるの波音
ザザザ
ざる
小豆
シャシャシャ
タケぐし
糸でとめる
竹串でシャシャシャ
ボタン
うちわ
セロハンテープ
うちわの雨音
ゲコゲコ
割りばしやスプーン
洗たく板
洗濯板でギロ
ポタポタポタ
ぬらした指
ボワーン
グラスでボワーン

生活ご当地自慢

梅は見て良し味わって良し

梅は観賞するだけではなく梅干、梅酒、梅シロップ、梅ジャムなど、保存食として幅広く利用されています。

また、「梅は三毒(食べ物・血液・水の毒)を断ち、その日の難を逃れる――朝夕1個食べれば、医者いらず」とも言われます。「塩梅」という言葉がありますが、塩梅とは梅干の味が変わるという意味で、梅の味がちゃんとしているかどうかで、病気の程度をはかった言葉です。

新米ゆめちゃんの介護士日誌

バルーンで膨らむ青春時代

今日は風船を使って
運動しましょう
わぁー、
懐かしいわ
風船なんて何年ぶりかしら。
子どもの頃だから
30年ぶりぐらいだわ
あははっ
あらーっ。私も……
20年
ぶり!!
そうれ!
ほい
ほい!
そうれ!
風船を手にして、
みなさん若返った
みたい。
よかった♪

ベテラン介護士より

リハビリは「四肢機能」や「言語」だけではなく、「心や頭」のための機能回復を目的とするものがあります。歌や遊び、物づくりを通じて、いろいろな訓練につなげていくことが大切です。それには介護士が、「何に効果があるのか」を知っていないといけません。

昔を懐かしみ、思い出しながら、話をしたりレクをしたりすることの刺激は日常の些細な働きかけでできることです。このように風船だけではなく、おはじきやお手玉、コマやけん玉も素晴らしい「回想玩具」になります。

この女性の不思議な発言も、その場ではさらっと聞き流しながら、真に受け止めて次につなげていきましょう。

7月 July

7月の目標

1　湿度も高く暑い季節。涼やかな音を探そう

五感を意識することで、高齢者には大切な刺激になるでしょう。

2　体温調節をしよう

高齢者は体温調節がうまくいかないので、周りで気を配ってあげましょう。

3　しっかり食事をとろう

食欲がなくなる前に、「気がつく目」を持ちましょう。

7月の健康管理とアドバイス

汗と水分摂取

加齢により体の水分が減少。水分摂取量が低下、体調不良の下痢や嘔吐、のどが渇かなくなるなどの症状に注意が必要です。

予防は水分補給、脱水のサインを見逃さないようにしましょう。

汗をかいた皮膚を清潔にしましょう。

心臓・腎臓疾患の人には水分制限があるので特に注意が必要です。

水虫

カビの感染で起きる水虫は「白癬《はくせん》」という病気です。白癬菌は体のいたるところに病気をもたらしますので、常に清潔を心がけましょう。

バスマット、スリッパ、爪切りなどの共用のものから移りやすいので、使用したものは水洗いし、こまめに天日干しをしましょう。

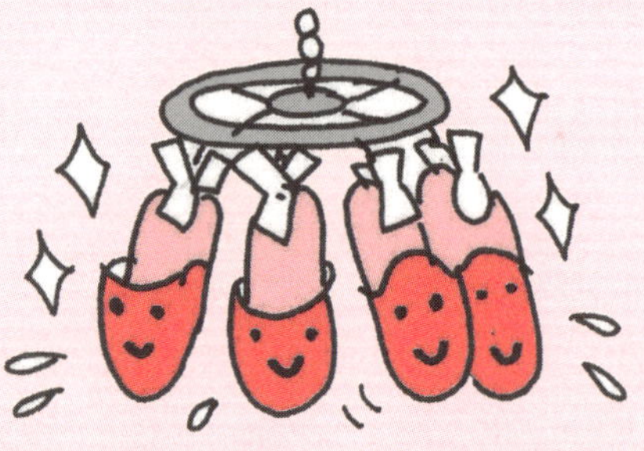

われは海の子

文部省唱歌

わ れ は う み の こ し ら な み の
さ ー わ ぐ い そ べ の ま つ ば ら に
け む り た な び く と ま や こ そ
わ が な つ か し き す み か な れ

2番 生まれて潮にゆあみして　浪《なみ》を子守の歌と聞き
千里《せんり》寄せくる海の気《き》を　吸《す》いてわらべとなりにけり

3番 高く鼻つく磯の香《か》に　不断《ふだん》の花のかおりあり
なぎさの松に吹く風を　いみじき楽《がく》とわれは聞く

7月 リズム運動・歌と遊び

今月のストレッチ

♥上肢のストレッチ♥

気分はスイマー。海やプールで泳いでいるつもりで、ダイナミックに動きましょう。

Point

●腕の曲げ伸ばしと肩のひねりで体をほぐしましょう。

●クロールで泳ぐ動きを４回します。

●平泳ぎで泳ぐ動きを４回します。

座って行う場合

●椅子に浅めに座ると動きやすいです。

●犬かきで泳ぐ動きを４回します。

●背泳ぎで泳ぐ動きを４回します。

しりとり歌遊び

♥頭のストレッチ♥

頭を使ってしりとり歌でゲームをしましょう。

① 歌の題名、歌い出し、どちらでもいいので、短めの曲をしりとり形式で４曲選びます。

② ４曲決まったら続けて歌いましょう。

〈例〉

① うみ→みかんの花咲くおか→♪からすなぜなくの→のなかのばら

② 夏のおもいで→♪でんでんむしむしかたつむり→リンゴのうた→たんこうぶし

③ われは海のこ→こぎつね→♪ねんねんころりよおころりよ→よさく

合いの手歌レク

♥上肢のストレッチ♥

歌をさらに楽しくするために、「合いの手」を入れて
元気にテンポ良くリズム遊びをしましょう。

それそれ
手のひらをグー、パーする
はいな
はいな
両うでを左右にあげる
よっこらしょー
どっこいしょ!
船をこぐように
はあ〜
それそれ!
両うでをもちあげてから 頭の上で手拍子

そらそら!
頭の上で手のひらをふる

Point
●それぞれの手の動きや体の動きで表現しましょう。

追っかけ歌レク

♥頭のストレッチ♥

追いかけながら歌を歌う楽しさをみんなで体験しましょう。

① 2グループに分かれて、先行後行を決めます。

② 1曲歌い終えたら、パートを交代して歌いましょう。

コッコケコッコ 夜が明けた〜〜
コッコケコッコ…..

Point
●遅れないように歌ってみましょう。

♪【夜が明けた】 作詞 岡本敏明 フランス民謡

コッコケコッコ 夜が明けた お空は真赤な 朝焼けだ
元気よくさあ 飛び起きて 朝のあいさつ いたしましょう
みなさん おはようございます

輪唱曲例

「かえるの歌」「若者たち」
「海賊の歌」「夜が明けた」
「もりのくまさん」など

年に2回は体力測定をしましょう

年に2回程度の体力測定をすることにより、体の調子や認知度の簡単なチェックもでき、体に合わせた判断をする事ができます。
オリジナル体力測定をしてみましょう。
半年ごとに変化をみます。できていたことがその後どうなっていくのか、数字で評価するといいですね。

記憶チェック

「桜」「犬」「電車」の3つを復唱してもらい、5分後に3つを尋ねます。さて、覚えているでしょうか。

Point

● 3つの言葉を5分～10分間記憶できているかどうかわかります。

音チェック

後ろを向いてもらい3段階の音の強弱を聞いてもらいます。小さい音。弱い音。優しい音。強い音。大きい音。の基準を皆さんで決めてみましょう。

Point

●どの程度耳が聞こえているのか知ることで、細かい配慮ができます。

視力チェック

大きさを一定距離で測るので通常の視力測定表をアレンジしてみましょう。

Point

●見えると思っていたら見えていない事も。色も同じでわからない場合があります。

指力チェック

つまむ（洗濯ばさみ）・絞る（ぞうきん）・引っ張り（ズボンの上げ下ろし）などの力加減を見てみましょう。

Point

●指の力で衣類の着脱、身の回りの作業の程度がわかります。

立ち上がりの時間をカウントしましょう。

Point

●膝や大腿の筋力がない場合はなかなか素早く動けません。転倒予防につなげます。

生活ご当地自慢

七夕のお話

七夕は、7月7日に行う星祭りで、五節句の一つです。この日は、1年に1度だけ「おりひめ」と「ひこぼし」が天の川の上でデートをする日というロマンチックな伝説が伝えられています。誰にも、願い事を書いた色とりどりの短冊を笹の葉につるした思い出があるのではないでしょうか。

現在の暦では7月7日は梅雨の時季に当たっていて星の見えない日が多いですが、旧暦7月7日（8月7日）は天候の良い時季だったようです。現在でも、「太陽暦の7月7日」ではなく、「月遅れ（太陽暦の8月7日）」に七夕祭りを行う地域も多いようです。

♪【たなばたさま】 作詞　権藤はなよ・林柳波　作曲　下総皖一

笹の葉さらさら　軒端に揺れる　お星さまきらきら　金銀砂子
五色の短冊　私が書いた　お星さまきらきら　空から見てる

新米ゆめちゃんの介護士日誌

美味しいものは食べたいけれど……

男性のみなさま、おかずの足しにどーぞ
デイサービス利用者
おおー
ほほ・
ゆめさんもどーぞ
こりゃうまい！
おかわりいいですか？
パクパク
おいしー♪
おふくろの味だわね
ゆめさん！
ウグ…
食べ物の持ちこみは禁止でしょ!!

ベテラン介護士より

経験上、施設の食事の味つけを「おいしい」と言うのは女性で、「この味は好みではない」と言うのは男性が多いようです。女性は毎日食事をつくっているため、「人がつくってくれた食事」を「違う味つけ」としておいしく食べるようです。

それに引き換え、男性はつくってもらうことが多く、味の調整を指示する側なので、意外にも食事の不満をこぼします。そんな男性の意見を聞いていた女性がおかずをつくってきたのでしょう。

このような場合、ただ注意するのではなく、料理好きの女性を集めて「料理レク」を開催するのもいいですね。こういったことも高齢者の生きがいの手助けの1つになることでしょう。

8月 August

8月の目標

1　暑さに負けず、快飲快食を心がけよう

体を中から冷やす夏野菜がおすすめ。おいしい食べ方を工夫しましょう。

2　涼しい演出で寝苦しさを解消しよう

保冷剤やクールタオルなどを効果的に利用しましょう。

3　真夏こそシャキッと元気に活動しよう

暑い日が続きますが、規則正しい生活で乗りきりましょう。

8月の健康管理とアドバイス

あせも・かゆみ

夏はじっとしていても汗をかきます。あせもにならないように予防しましょう。

汗をかいたらすぐにシャワーを浴びられればいいのですが、できない時はぬれたタオルでふきましょう。

かゆみや湿疹がある場合は、早めに皮膚科で受診しましょう。

熱中症

体の中と外の暑さによって引き起こされる体のさまざまな不調。気温が高かったり、運動によって体内で熱が発生することが原因で起こります。症状としては、発熱、嘔吐、腹痛、手足や腹筋などの痙攣などが見られますが、重度になると、意識障害、過呼吸、ショック症状が現れます。

熱中症の予防としては、①日かげにいる　②帽子をかぶる　③こまめな水分補給を心がけましょう。

今月の歌

知床旅情

作詞・作曲　森繁久彌

C F C G
し れ と こ の み さ き に
C G7 C C
は ま な す の さ く こ ろ お も い だ し
F C G C
て お く れ お れ た ち の こ と を
Dm Em F
の ん で さ ー わ い ー で お か に
F C C7 F C
の ぼ れ ば ー は る か ク ナ
Am G7 C G7 C
シ リ に びゃ く や は あ け る ー

2番

旅の情《なさけ》か　酔うほどに　さまよい
浜に出てみれば　月は照る波の上《え》
君を今宵こそ　抱きしめんと
岩かげに寄れば　ピリカが笑う

3番

別れの日は来た　ラウスの村にも
君は出て行く　峠を越えて
忘れちゃいやだよ　気まぐれカラスさん
私を泣かすな　白いカモメを

8月 リズム運動・歌と遊び

今月のストレッチ

♥指先・手首・上肢のストレッチ♥

暑い夏に突入です。外へ出る機会が減る分、涼しい室内でレクやリハビリを楽しみたいですね。指と手首の「くにゃくにゃ」運動をしましょう。

① 両腕を下げて、指と手首を内・外方向へ波のように4回動かします。

② 両腕を前に伸ばして、同じように4回動かします。

③ 両腕を左右横に開いて、同じように4回動かします。

④ 最後に両腕を下げて、指と手首を内・外方向へ波のように4回動かします。

Point

●小さな関節ですがよく働く部位です。きちんと動かしましょう。

座って行う場合

●浅めに座り、背中を伸ばしましょう。

暑さに負けないひんやり運動

♥手首・上半身のストレッチ♥

【準備するもの】
うちわ　風船
ティッシュペーパー　など

冷房が効きすぎていると、体は芯から冷えてしまいます。
指先や足先の細かい部分の運動をしましょう。
腕の運動にもぴったりな「うちわ」を使います。

Point

●全員が羽根に触れられるように、1グループの人数を調整しましょう。

① グループごとにテーブルを囲んで座ります。
② 各自うちわを持ち、羽根（ティッシュなら1枚、風船なら丸い15cm程度のもの）をうちわであおぎます。
③ 曲が終わるまで、羽根が落ちないようにあおぎ続けられれば大成功です。

こんな歌もピッタリ！

「汽車」「海」

人気の盆踊りソングで踊っちゃおう

♥全身のストレッチ♥

8月は各地で盆踊りが開催されています。各地で人気の盆踊りソングをご紹介します。踊って、歌って、見て楽しみましょう。

① カードを引いて、書かれている曲をみんなで歌います。

② 輪になり、手振りを入れて歌いながら踊りましょう。

【準備するもの】
各曲の題名と土地名が書いてあるカード

【炭坑節】 福岡県民謡

♪月が出た出た

掘って掘って

♪月が出た（ヨイヨイ）

また掘って

♪三池炭坑の

かついで、

♪上に出た

かついで

♪あまり煙突が

ながめて、

♪高いので

ながめて

♪さぞやお月さん

おして、

♪けむたかろ

おして　開いて

♪（サノヨイヨイ）

ちょちょんがちょん

お勧めの人気曲

「大東京音頭」「チャンチキおけさ」「東京五輪音頭」

Point

●一度に全部覚えなくても大丈夫。前の人の真似をしながら踊ればOKです。

ハワイアンフラ・ストレッチ

♥全身のストレッチ♥

夏はやっぱり、ハワイのフラ。フラは「踊る」という意味があるので
「フラダンス」とは言わないのが本当。足と手で表現できる素敵な踊りです。
足と手を組み合わせて、4ステップ・4拍子・4回で動きましょう。

★立ち位置から移動する足ステップ

Point

- 指先と手首をしなやかにウェーブさせるとフラっぽくなります。
- 「膝は曲げない」「腰は振らない」でできる高齢者のためのフラ体操もあるようです。

① 右足を横に開き、左足をつけます。（カニ歩きの要領で）
② カニ歩きで右に4ステップします。
③ カニ歩きで左に4ステップし、元の位置に戻ります。
④ 左へ全部で４回踏みこみます。
⑤ 初めの位置に戻ることになります。

★フラの基本ポーズ

重心を左から右にかけながら、腰を使って右に１歩進みます。重心を右に移しながら、左足を右足の位置まで平行に引き寄せます。これを繰り返します。手は、波のポーズをとります。

★フラの代表的な手の動き

こんな歌もピッタリ！

「月の夜は」「小さな竹の橋」
「南国の夜」「赤いレイ」「珊瑚礁の彼方に」

波

両手をひじを曲げずに前に出し、指先を上にして手のひらを反らせます。
少し前屈みになり、自然にひじを曲げて、手のひらで波を描くようにゆったりと動かします。

風

両手を上げ、頭の上で広げたり、交差したりします。

美しい

両腕を頭の上に持っていきます。

体の中心を通しながら、腰の位置まで下ろします。

鳥

両腕を肩に軽く置いてから

ゆったりと両腕を伸ばします。

あなた

手のひらを下にして、胸の高さに置きます。

右腕をまっすぐ前に出します。

わたし

手のひらを自分に向けてから胸に置きます。

アロハ（こんにちは）

交差した腕を開きます。

夏の味・フリフリシャーベット

♥指先・上肢のストレッチ♥

あら不思議？　フリフリすること10分で
おいしいシャーベットのできあがり。
好きな味のジュースを使って簡単にできますよ。

【準備するもの】
ビニール袋３枚　オレンジジュース150cc　氷６～７個　塩少々

① ビニール袋を２重にしたものにジュースを入れ、空気を少し入れて硬く結びます
② 氷と塩を入れたビニール袋に、①の袋を入れてまとめて縛ります。
③ 10分ほど、リズミカルにフリフリすると冷たいシャーベットのできあがり。

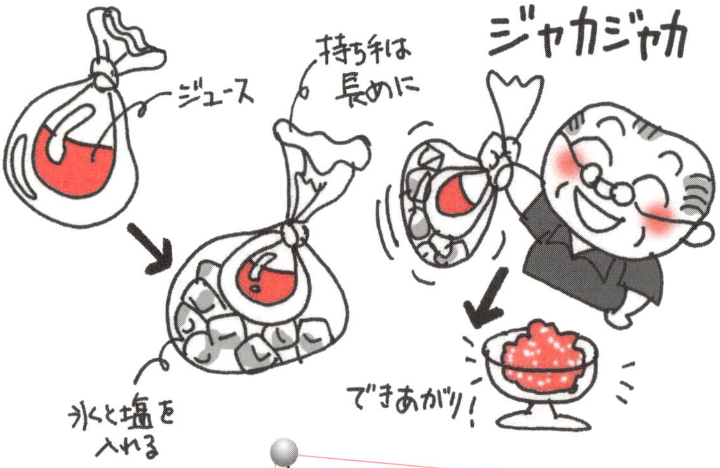

こんな歌もピッタリ！

テンポの速い曲だと振りも早くなります。
「銀座カンカン娘」「憧れのハワイ航路」

Point

●みんなで交代しながらフリフリすると楽ですね。

生活 ご当地自慢

夏祭りのお話

♥頭のストレッチ♥

夏祭りの思い出、みなさんはどのように記憶されているでしょうか。誰と出かけたか、何をしたのか、聞いてみましょう。

盆踊り、パレード、花火大会、屋台、山車、祭囃子……次から次へと思い出がよみがえってくることでしょう。

全国の有名な祭り

青森ねぶた祭（青森県青森市）
秋田竿燈まつり（秋田県秋田市）
仙台七夕まつり（宮城県仙台市）
弘前ねぷたまつり（青森県弘前市）
桐生八木節まつり（群馬県）
郡上踊り（岐阜県郡上市）
大阪三大夏祭り（大阪府）
しゃんしゃん祭（鳥取県）
阿波踊り（徳島県）
よさこい祭り（高知県）
土崎港曳山祭り（秋田県秋田市）
飯田燈籠山祭り（石川県珠洲市）

新米ゆめちゃんの介護士日誌

紳士の身だしなみ

おふろ上がりのMさん
どうもさっぱりせんのー
どうしました？お手伝いしましょうね
あれ!? ヌルヌルだわ
Mさん、何か塗られました？
肌が乾燥するのでローションを塗ったよ
そ、それは、せっけんです
ガーン
わしも……
ヌル
はっ
わしも塗ったよ
身だしなみじゃからのう……
ヌル
ヌル
ヌル
みなさーん、もう一度入浴です

ベテラン介護士より

入浴介助時にはたくさんの危険が潜んでいます。転倒やのぼせ、脱水、意識消失など……さまざまな状況を想定して、入浴の介助をしましょう。

夏場と冬場の環境の設定にも気を配る必要があります。また､高齢者に多い「皮膚の乾燥によるかゆみ」「体のあちらこちらが痛い」などという場合、皮膚にローションをつけたり、指示薬を塗布したり、体に湿布を貼ったりしなくてはなりません。人から人へと貸し借りはしないよう注意しましょう。また、状態をよく見てケアーをするという観察力も必要です。

入浴後の水分補給、必要に応じて血圧測定などで体調の変化を見逃さないように心がけましょう。

9月 September

9月の目標

1　残暑に負けない体力をつくろう

体を動かしてパワーを蓄えましょう。

2　こまめに水分補給をしよう

熱中症対策としても水分補給は続けましょう。

3　体力を消耗しないようにしよう

湿度・暑さに注意し、適度な休息を心がけましょう。

9月の健康管理とアドバイス

目の話

高齢者になるにつれて発症しやすい目の病気に、老眼、白内障、緑内障があります。
原因の多くは加齢です。

これらの病気は初期はほとんど自覚症状がありませんので、気がついた時にはかなり進んでしまっていることがあります。定期検診を心がけましょう。

骨の話

骨粗しょう症は、骨の中がスカスカの状態になり骨がもろくなる病気で、高齢者に多く見られます。骨がスカスカになると、わずかな衝撃でも骨折をしやすくなりますので、カルシウム、ビタミンD、ビタミンKなど、骨密度を増加させる栄養素を積極的に摂るなどの食事療法や、日光浴をしながらの散歩、階段の上り下り、ウォーキングなどの適度な運動を心がけましょう。

今月の歌

故郷《こきょう》の空

作詞　大和田建樹　曲　スコットランド民謡

F Gm/F F Gm/F F B♭/F C7/F F
ゆ う ぞ ら は れ て あ き か ぜ ふ き
F C7/F F C7/F F B♭/F C7/F F
つ き か げ お ち て す ず む し な く
F C/F F F7 B♭
お も え ば と お し こ きょ う の そ ら あ
F/A C7/G F C7 F C7 F
あ わ が ち ち は は い か に お わ す

2番
すみゆく水に　秋萩《あきはぎ》たれ
玉なす露は　ススキにみつ
思へば似たり　故郷の野辺《のべ》
ああ　わが弟妹《はらから》　たれと遊ぶ

9月 リズム運動・歌と遊び

今月のストレッチ

【準備するもの】
長めのタオル

♥上半身・腰のストレッチ♥

タオルを使って数分間のストレッチで体をほぐしましょう。

① 背筋を伸ばして肩幅に立ち、タオルを持って両手を上げて立ちます。

② そのまま、右へ倒し、左右交互に４回行います。

③ 次に、両腕を前に出し右にひねります。これを左右交互に４回行います。

④ ゆっくり深呼吸をして終わります。

座って行う場合

●浅く腰かけて行いましょう。

Point

●動作の基本は、タオルをピン！と張ることです。

水の音でリズム遊び

♥手首・上半身のストレッチ♥

ガラスのコップや器、ビンなどに水を入れて
金物でたたいてみましょう。ひんやり涼しげな音を奏でます。

【準備するもの】
ガラスのコップや器　ビン
金物（スプーン・フォーク）

グラスに水を注ぐと音程が変わります。いろいろな形のグラスをテーブルに並べて、金棒などで叩いてみましょう。

手首でスナップをきかせよう
チ～ン

Point

●同じ形のコップに水の量を変えて入れ、音階を楽しみましょう。

こんな歌もピッタリ！

「上を向いて歩こう」「夕焼け小焼け」

この鳴き声何の虫？

♥頭のストレッチ♥

日中はまだまだ暑いですが、秋はそこまで来ています。
虫の声に耳をすませて、秋の音を感じましょう。

① 最初にみんなで「虫の声」を歌います。
② 次に、この歌には出てこないけれど「知っている」という、虫の名前や鳴き声をあげてもらいましょう。

コロコロ コロリー
エンマコオロギかな？
キリキリキリ
リーリー
ジジジシ…
リイリイ
リイ
ガチャガチャ
●カンタン ●ツユ虫 ●アカマツムシ ●キリギリス ●クツワムシ

♪【虫の声】 文部省唱歌

あれ松虫が　鳴いている　ちんちろ　ちんちろ　ちんちろりん
あれ鈴虫も　鳴き出した　りんりんりんりん　りいんりん
秋の夜長を　鳴き通す　ああおもしろい　虫のこえ

Point

●いろいろな鳴き声を曲（虫の声）に当てはめて歌ってもいいですね。

ペーパー芯つなぎゲーム

♥指先のストレッチ♥

曲に合わせて、長短さまざまなラップ芯を通していくゲームです。長さ選びも必勝ポイントの１つですね。

【準備するもの】
太めのひも（3mくらい）
ラップやトイレットペーパーの芯20 ～ 30個

① 何組かのグループに分かれて行います。
② ペーパーの芯をいろいろな長さに切っておき、各テーブルに置きます。
③ 曲がかかっている間にひもに芯を通していき、曲が終わった時点で、長さを競います。

今、送るよー
はやく はやく！

Point

●グループのみんなが必ず参加できるようにしましょう。

こんな歌もピッタリ！

「高校３年生」「函館の女」

おもしろ絵かき歌

♥頭のストレッチ♥

絵かき歌にも簡単なものから難しいものまでありますが、ここでは簡単にかけるものにチャレンジしましょう。

- 最初は、できあがりが何であるか言わないで歌に合わせてかいていきましょう。

※はじめは形をかくことが目的です。

- 次は、りんごになることを知らせて、歌に合わせてかいていきましょう。

※少し答えに近くなります。

- 最後は、りんごの絵を見せてから、歌に合わせてかいていきましょう。

※完成が目的です。

★りんご

① まるかいて

② ぼうつけて

③ はっぱがついたらりんごだよ

★げじげじ

① ぼうが１ぽん ありました

② ほねがいっぱい はえてえきた

③ １えんだまを２こつけて あっというまに　げじげじだ

★ねずみ

① たまごが１つ ありました

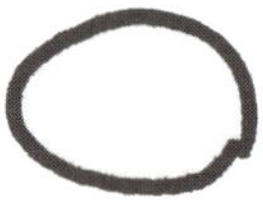

② おだんご２つ ふえまして

③ ゴマをちょん

④ しっぽをつけたら ねずみだよ

★あひるのこ

① にーちゃんが

② さんえんもらって

③ まめかって

④ くちばしつけたら あひるさん

お祝いソングで敬老会

♥心のストレッチ♥

9月の第3月曜は「敬老の日」です。
日ごろの感謝と尊敬の気持ちをこめて、利用者の方々に
「ご当地のお祝いソング」でお祝いしましょう。

♪【黒田節】 福岡県民謡

酒は飲め飲め　飲むならば　日の本一の　此の槍を
飲みとるほどに　飲むならば　これぞ真の　黒田武士

【準備するもの】
各自のコップ
お茶を入れたやかんや急須

① 初めにみんなで「黒田節」を歌います。
② 次に参加者にコップを持ってもらい、黒田節をかけながら、「祝い酒」ならぬ「祝いお茶」を注ぎ、飲みほしてもらいましょう。
③ 全員がお茶を飲み終わるまで、曲を流しておきましょう。

♪【花笠音頭】 山形県民謡

揃ろた揃ろたよ　笠踊り揃ろた　秋の　チョイチョイ
出穂よりまだ揃ろた　ハァ　ヤッショマカショ

【準備するもの】
花束　メッセージ
お菓子などのプレゼント

① 初めにみんなで「花笠音頭」を歌います。
② 次に曲に合わせて参加者にプレゼントを手渡していきます。
※握手をして「おめでとう」の言葉を添えましょう。
③ 全員にプレゼントが渡るまで曲を流しておきましょう。

こんな歌もピッタリ！

各地の代表曲

俵積唄（青森）　長崎のんのこ節（長崎）　祝い目出度（福岡）　長持唄（宮城）　因幡大黒舞（鳥取）
からめ節（岩手）　広島木遣り音頭（広島）　お立酒（宮城）　牛深ハイヤ節（熊本）　黒田節（福岡）
酒造り祝い唄（兵庫）　秋田長持唄（秋田）　伊勢音頭（三重）　花笠音頭（山形）　万才くずし（佐賀）

9月 ゲーム&物づくり

お月見団子をつくろう

♥指・上肢のストレッチ♥

秋の夜長のイベント「お月見」を昼間に再現。
みんなでお団子をつくり、ススキや金紙などでつくった満月を飾って、風情あるお月見を演出しましょう。

【準備するもの】(お団子20個分)
上新粉75ｇ　白玉粉75ｇ
水110～120cc　サラダ油適量

★お団子のつくり方

① ボウルに白玉粉を入れ、水を少しずつ加えながら混ぜる。

② ①に上新粉を入れ、水を少しずつ加えながら混ぜる。

③ 粉が耳たぶの硬さになったら丸める。

④ 沸騰したお湯に入れ、浮いてきたらすくってざるに上げて３分くらい冷す。

⑤ くっつかないようにサラダ油を薄く塗る。

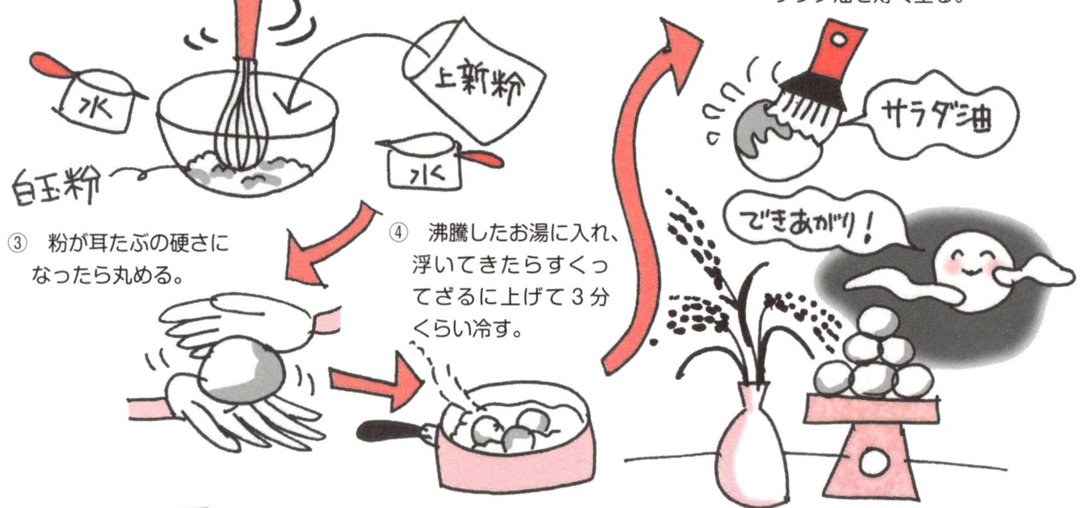

生活ご当地自慢

彼岸花のお話

♥頭のストレッチ♥

彼岸花の開花は９月15日頃から。ちょうど秋のお彼岸の頃に咲くので「彼岸花」と呼ばれます。

猛暑であろうと冷夏であろうと、ちゃんと「お彼岸」の時期を知り開花するこの花は、別名「曼珠沙《まんじゅしゃ》華《げ》」と呼ばれています。

「暑さ寒さも彼岸まで」──少し涼しくなった頃に突然茎が伸び、鮮やかな赤い花を咲かせます。花の後で葉が伸びてくるので、花と葉を同時に見ることはできないことから「葉見ず花見ず」とも呼ばれています。

「曼珠沙華」は「天上の花」と言う意味があり、おめでたいことが起こる兆しに、天から赤い花が舞い降りてくるという仏教の経典からきているそうです。

新米ゆめちゃんの介護士日誌

総理になったらしたい事

今日はみなさんに「総理大臣になったらしたい事」をお聞きしたいと思います
すっ
すくっ
はい！
戦争を終わらせたいです
うるうる
そうですね
もう終わっているけど……
はい！ ビフテキが食べたいです
そうですね
ここの一口ステーキでは不満なのね
はい！
わしは、わしは……
ドキドキ
今度はどんな珍解答かしら
こ…こいつと
結婚したい！
おおーっ
えっ…
その後、2人は入籍し、施設で披露パーティをしました
おめでとうー
こんな素敵な場面に立ち会えるなんて……
感動！

ベテラン介護士より

高齢者同士の告白シーンは何度も見ていますが、とても感動します。ほほえましい瞬間ですね。

利用者さんは日々の活動を通じて、体力の維持や社会生活としてのコミュニケーション活動を自然と繰り返しています。高齢者になると1人でいることも多く、外へ出て人と関わることが減ってきます。私たちの日々の活動は、1年を通してたくさんの行事や、イベントを提供していくことが利用者さんにとって、生活の質の向上や社会生活を営む上で、大きな役割を果たす結果になっていくことにつながるのではないかと思います。

10月 October

10月の目標

1 温度差で体調を崩さないようにしよう

朝晩涼しくなる季節です。風邪に注意しましょう。

2 食欲の秋、しっかり食事をとろう

バランスよく旬のものを取り入れて栄養補給をしましょう。

3 スポーツの秋、体をたくさん動かそう

運動にちょうどいい季節。外気浴もおすすめです。

10月の健康管理とアドバイス

関節痛

関節痛は老化による症状で、45歳を過ぎた頃から多く見られ、男性よりも筋肉が少ない女性がなりやすいと考えられています。関節痛の原因は、軟骨の擦り減り、過度の運動または運動不足、肥満、免疫異常などがあげられますので、適度な運動と規則正しい食生活、体を冷やさない、長時間立ち続けないなど、日常の生活の中でできることを心がけましょう。

口腔ケアのお話

口腔ケアは誤飲性肺炎の予防に必要なケアであると言われています。

何も食べていなくても、唾液分泌は低下するので細菌と一緒に飲み込んだ唾液で肺炎もおこしかねません。

口腔の働きは噛んで（そしゃく）飲みこむだけでなく、言葉を話したりする役割も持っています。

食べるだけでなく、話をしてコミュニケーションをとることにも、口腔ケアは効果をもたらしているようです。

毎食後、歯や入れ歯、舌などのケアをしましょう。

今月の歌

ふるさと

作詞　高野辰之　作曲　岡野貞一

G D G D7/A G/B G
うさぎおいし　かのやま
C G/B D/A G D/A G/B C Am D7 G
こぶなつりし　かのかわ
D G D/F♯ G D/A G D/A C6 G/B D7 G
ゆーめはいーまも　めーぐーりーて
D/F♯ G D/A G/B D/A G C/E Am/C D G
わすれがたき　ふるさと

2番

いかにいます　父母
つつが無しや　友がき
雨に風に　つけても
思ひ出ずる　ふるさと

3番

志を　果たして
いつの日にか　帰らん
山は青き　ふるさと
水は清き　ふるさと

10月 リズム運動・歌と遊び

今月のストレッチ

♥腰・バランスのストレッチ♥

しっかりと立つために、腰の運動をして力をつけましょう。腰の曲がっている人や
腰痛の人が多いなかで、「できるところまで動かすこと」も
大切なことです。自分に合った適量で体のストレッチを継続しましょう。

① 肩幅に足を開いて立ち、両手を腰に当て、腰を右回りに4回回します。次に、左回りに4回回します。

② その場で、「右足けんけん」を4回します。次に「左足けんけん」を4回します。

Point
●腰を回す時は、肩をグラグラ動かさないようにします。肩が動くと腰は回りません。

この次だぁれ？　鬼ごっこゲーム

♥頭のストレッチ♥

次は誰かな？　とドキドキしながら歌をうたっていくゲーム。
当てられても、歌えない人のかわりにお隣さんが
助けてあげる「ご近所さんゲーム」でもあります。

【準備するもの】
人数分の番号カード　番号を入れる箱　胸に貼る番号用のガムテープ　大きく書いた歌詞

① みんなで円になって座り、お題の歌を紹介します。〈例〉「赤とんぼ」
② １人ひとりに番号カードを引いてもらいます。
③ 貼り出しておいた歌詞を見ながら、１番を全員で歌います。
④ 番号カード1と2の人が２人で2番を歌います。
⑤ 次に、全員で２番を歌います。
⑥ 次に番号カード3と4の人が、2人で２番を歌います。
⑦ 全員が終わるまで繰り返します。

Point
●大勢の場合は１回で４～５人で一緒に歌うようにしましょう。

♪【赤とんぼ】作詞　三木 露風　作曲　山田耕筰

夕焼け小焼けの　赤とんぼ　負われて　見たのは　いつの日か
山の畑の　桑の実を　小かごに摘んだは　まぼろしか

こんな歌もピッタリ！
「叱られて」「夕焼け小焼け」

歌に合わせてなりきりコスプレ

♥頭のストレッチ♥

芸術の秋、みんなでコスプレをして
「なんちゃって俳優」になって歌いましょう。

【準備するもの】
登場人物に合う衣装
かつら　お面　など

★桃太郎・登場人物……桃太郎　きじ　さる　いぬ　赤鬼　青鬼　おじいさん　おばあさん

① 観客みんなで歌を練習します。
② なりきり俳優が登場し、セリフを言います。
③ セリフが終わったら、全員で大合唱します。
④ 最後はみんなで記念撮影をします。

★セリフ・シナリオは、あらかじめ、スタッフが
　つくっておきます。

〈例〉

桃太郎　「おじいさん、おばあさん。これから鬼が島に鬼退治に行ってまいります」

おじいさん　「気をつけて行っておいで」

おばあさん　「このきび団子を持ってお行き」

桃太郎が歩き始める

きじ　「おともします」

桃太郎がキビ団子をあげる

さる　「おともします」

桃太郎がキビ団子をあげる

いぬ　「おともします」

桃太郎がキビ団子をあげる

再び歩き出すと赤鬼・青鬼がやって来る

赤鬼・青鬼　「待て、桃太郎！　やっつけてやる」

シーツの裏で格闘（見せない）

シーツに隠れるように鬼が退散

桃太郎　「えいえいおー!! さぁ、宝を持って帰りましょう」

全員で大合唱して終了

Point

●スタッフが影の声、盛り上げを担当しましょう。

こんな歌、芝居がぴったり！

「金太郎」「浦島太郎」「花咲か爺さん」「うさぎとかめ」

♪【桃太郎】　作詞　不詳　作曲　岡野貞一

桃太郎さん　桃太郎さん　お腰につけたキビダンゴ　一つわたしに　くださいな
やりましょう　やりましょう　これから鬼の征伐に　ついて行くなら　やりましょう

10月 ゲーム&物づくり

♥上半身のストレッチ♥

やる気テーマソングで運動会

秋は運動会の季節。高齢者にとっては運動の成果を見せる絶好のイベントです。日ごろから行っているリハビリもレクリエーションに変えて運動会を楽しみましょう。

【準備するもの】紙コップ人数分　ボール（紙コップの口より大きめのもの）　長めのタオル　手ぬぐい数本

★コップリレー

① 2チームに分かれ、各自が紙コップを持ちます。

② スタッフが先頭の人のコップにボールを入れます。「よーいドン」の合図でコップの中のボールを次の人に移します。

③ 順番に隣の人に移していき、ゴールを競います。

★タオルリレー

① 2チームに分かれ、先頭の人にタオルを渡します。

② 「よーいドン」の合図で先頭の人が自分の首にタオルをかけて、一度結び、ほどいて次の人に渡します。

③ 次の人も自分の首にタオルをかけて、一度結び、ほどいて次の人に渡します。

④ 順番に渡していきゴールを競います。

こんな歌もピッタリ！

「天国と地獄（地獄のギャロップ）」「ガイーヌより剣《つるぎ》の舞」

生活 ご当地自慢

全国おいしいもの自慢大会

食欲の秋です。旬の食材、好きな食べ物、一度は食べてみたい駅弁、故郷の自慢料理……などなど、おいしいものをみんなで話し合ってみましょう。

話をするだけでおなかがグーッと鳴りそうですね。

食べてみたいご当地グルメ

ジンギスカン（北海道）
牛たん（宮城）
ほうとう（山梨）
味噌カツ（愛知）
うなぎ（静岡）
タコ焼き（大阪）
広島風お好み焼き（広島）
讃岐うどん（香川）
博多ラーメン（福岡）
さつまあげ（鹿児島）など

新米ゆめちゃんの介護士日誌

おしゃれアドバイザーゆめちゃん

今日は、大学生さんがネイルアートに来てくれました
ネイルアートって何かしら?
ひそひそ…
こんにちは
爪をこんなにおしゃれにするんですよ
かわいい♡
ジ~ッ
どうしました?
わたしも、わたしも
実は夫婦で造園業をしてたんで妻は手におしゃれなんぞした事ないんじゃ
でしたら、まずご主人がチャレンジされてその後、奥様におすすめたしたら?
後日
なあ、おしゃれなもんじゃろ
ほんとね。教えてくれてありがとう
よかった!

ベテラン介護士より

利用者さんと話をする時間をつくることも大切な介護士の仕事です。時間がないとよく現場では言いますが、隣に座って長く話していればいいというものでもありません。

日ごろから「1分のコミュニケーション」で、利用者さんのためになることが多々得られます。「心から話に耳を傾けて、話を受け止める」、たったこれだけのことをするだけで、話す側も聞く側も幸せになります。そのためには「心から聞くこと」です。

「あの人と話したい」「あの人に聞いてもらいたい」「あの人に会いたい」そんなふうに言われる介護士になれたら「介護士冥利」に尽きますね。

11月 November

11月の目標

1　少し長めの運動で筋力保持をしよう

動くことに慣れてきたら、徐々に時間を延ばしましょう。

2　朝晩の冷え込みによる風邪に注意しよう

温度調節に気を配りましょう。

3　秋の風物詩、紅葉見学に行こう

外へ出て色彩豊かな自然に触れましょう。

11月の健康管理とアドバイス

足浴の話

高齢者の足浴は、風邪予防や安眠、リラックス効果もあります。浮腫・血行不良・疲労の改善にもつながっていきます。

バケツに38～43度の適温で湯を準備して足をつけます。お湯が冷めないように気を配りましょう。

湯から足を上げてよく拭いた後に、足首を回すなどストレッチするとさらに効果的です。

爪も切ってあげましょう。高齢者にとって爪切りほど大変な作業はありません。その後は足が乾燥しないように保湿しましょう。

臭覚の話

味覚の低下により高齢者が濃い味を好むことが知られていますが、臭覚も同じです。

「風味」を感じなくなると食欲もなくなりますね。

また、一人暮らしでガス漏れの匂いに気がつかないなどの危険な状況もあるので、関わる方の臭覚なども、折りにふれて確認しておくことも大切です。

今月の歌

浜辺の歌

作詞　林古渓 作曲　成田為三

A♭ D♭ D♭dim7 A♭/C A♭
あ し たーは まー べ ーを さー ま ーよ えー
E♭7 A♭ D♭6 D♭dim7 A♭/E♭ E♭
ば ー む か しーの こー と ーぞ しー の ーば る
A♭ E♭ E♭(♯5) A♭ D♭ E♭
る ー か ぜ の お ー と よ く も の さ ま よ ー よ
A♭ D♭6 D♭dim7 A♭/E♭ E♭7 A♭
す るーな ーー み ーも かー い の い ろ も ー

2番　ゆうべ浜辺を もとおれば
昔の人ぞ　しのばるる
寄する波よ　返す波よ
月の色も　星のかげも

11月 リズム運動・歌と遊び

今月のストレッチ

♥下半身・膝のストレッチ♥

加齢とともに床からの立ち上がりは難しい動作になります。
たとえば転倒した時に起き上がれなかったり、座ろうとした椅子に
座り損ねて床から立てなかったり、できていた動作ができなくなります。
そこで膝や大腿（ふともも）の運動をして、少しでも力を残せるようにしましょう。

① 背中を伸ばして立ちます。
② 両手は膝に置き、屈伸を４回します。
③ 次に両手を膝に置き、少しかがんだ姿勢で膝の右回しを４回します。
④ 左回しも同様に行います。

座って行う場合

●片方ずつ膝を抱えて、伸ばす動作をすることで膝の曲げ伸ばしが可能です。

Point

●自力で屈伸できない人は椅子の背もたれにつかまるとしゃがみやすいです。

ジャンプジャンプでエア縄跳び

♥全身のストレッチ♥

飛んで飛んで、跳ねて跳ねて、腕も動かし、
縄跳びのような動きでストレッチしましょう。

Point

●不安定な場合は何かにつかまって行いましょう。

① 背中を伸ばして立ちます。
② 腕は横に垂らしたままで、４回ジャンプします。
③ 次に同じようにジャンプしますが４回目は大きくジャンプしましょう。
④ 続いて、両手首を縄跳びをするように回しながら、８回ジャンプします。
⑤ 最後に大きくゆっくりと深呼吸をします。２回繰り返します。

こんな歌もピッタリ！

「あのこはだぁれ」「仲良し小道」「あんたがたどこさ」

どんぐり風船でストレッチ

♥全身のストレッチ♥

【準備するもの】
ビニール袋
どんぐり10個

季節は晩秋。赤や黄色の紅葉のきれいな季節です。
落ち葉の上を歩けば「ガサガサ」と秋の乾いた音を
体感できますね。どんぐり、ぎんなん、松ぼっくりなどの
木の実も、拾ってもらえるのを待っていますよ。

Point
●風船は常に振って、音を止めないようにストレッチしましょう。

★上げ下げ運動

① ビニール袋にどんぐりを数個入れ、ふくらませて口を結びます。

② 右手で結び目を持って振りながら、手を上げていきます。

③ 上で左手に持ち替えて手を下ろします。

④ 次は左手を上げて、上で右手に持ちかえ、手を下ろします。

こんな歌もピッタリ！
「もみじ」
「真っ赤な秋」
「村祭り」

★腰の回り運動

① 結び目を持って振りながら、ストレッチをします。

② 右手で持ち、背中に回して後ろで左手に持ちかえ、おなかのところでとめます。

③ 次はおなかから背中を回して後ろで右手に持ちかえ、おなかのところに戻します。

階段昇降で山登り

♥下半身のストレッチ♥

室内で階段の上り下りをしましょう。
昇る動きと降りる動き……どちらが大変だと思いますか？
人それぞれ違うので、体力に合わせて
調整しながら始めてみましょう。

Point

●途中、エレベーターを利用したり、踊り場や廊下で椅子休憩ができるよう準備をしておきましょう。

① 手すりや、壁づたいで昇り降りしましょう。

② 初めは５段・10段くらいにし、徐々に１階・２階と長くしていきましょう。

スリッパでパタパタ・リズム合わせ

♥頭・全身のストレッチ♥

スリッパをはいて歩くと、パタパタと音がします。
「うるさい」と思う時もあれば、「パタパタ・ペタペタ」かわいらしい
音に感じる時もありますね。そんな音を使って遊びましょう。

【準備するもの】
スリッパ

① 足踏み８カウントします。
「１・２・３・４」「１・２・３・４」

1234 かきねの
1234 かきねの

② 「タ・タ・タ」「タ・タ・タ」「タ・タ・タ」「タ・タ・タ」のリズムで足踏みします。

1 ま
2 が
3 りか
1 ど
2 ー
3 ー
くりかえし

③ 足踏み８カウントします。
「１・２・３・４」「１・２・３・４」

1234 たきびだ
1234 たきびだ

④ 「タ・タ・タ」「タ・タ・タ」「タ・タ・タ」「タ・タ・タ」のリズムで足踏みします。

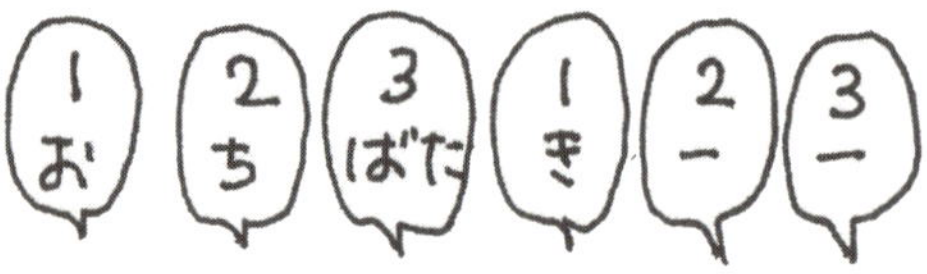
1 お
2 ち
3 ばた
1 き
2 ー
3 ー

♪【たき火】 作詞 巽聖歌 作曲 渡辺茂
かきねの かきねの まがりかど たきびだ たきびだ おちばたき
あたろうか あたろうよ きたかぜぴいぷう ふいている

こんな歌も
ピッタリ！

「七つの子」

Point

●足が動くようになったら、手拍子をつけてみましょう。

明日に向かって、さぁ踊ろう

♥全身のストレッチ♥

「みんなの心に太陽を。いつも明るい太陽を。」
そんな思いがいっぱい詰まった歌に、振りをつけてみました。
覚えてみんなで踊ってみましょう。

Point
●まず歌に合わせて手だけで踊り、慣れてきたら足踏みも合わせて踊ってみましょう。

【手のひらを太陽に】 作詞　やなせたかし　作曲　いずみたく

♪ぼくらはみんな

右手グーの手で
胸を４回叩く

いきている

胸の前で右手クロス
左手クロス

いきているから

クロスしたままグーパー

歌うんだ

頬の横でパーの手で
にこにこ

♪ぼくらはみんな

右手グーの手で胸を
４回叩く

いきている

胸の前で右手クロス
左手クロス

いきているから

クロスしたままグーパー

悲しいんだ

目の下両手で　涙ハラハラ

♪手のひらを

右手グーの手から
右上に伸ばし

太陽に

太陽を描く

透かして見れば

手のひら・裏・ひら・
裏と返す

♪真っ赤に流れる

両手で大きな
太陽を描く

僕の

右手グーの手で
胸を１回

血潮

右手を上へ上げ手のひら・
裏・ひら・裏と返す

ミミズだって
オケラだって

両手を振って足踏み

♪アメンボだって

両手を振って足踏み

みんな　みんな

指さし　指さし

いきているんだ

胸の前でハートをつくり
前に出す

ともだちなんだ

両手を後ろから上に広げ、上から伸ばした手を下ろしていく

11月ゲーム&物づくり

かまぼこ板のカスタネット

♥指・手・上肢のストレッチ♥

【準備するもの】
洗って乾かしたかまぼこ板２枚
２cm幅の平ゴム10cm程度　ボンド

木と木が触れる音を聞きながら、歌や運動をしてみましょう。沖縄の三板（さんば）、カスタネット、拍子木といろんな要素がミックスされた楽器ができあがります。

① 最初にかまぼこ板を縦長に見て、下から５分の２あたりに適量のゴムをボンドでつけます。
② 音を出す面にゴムがかからないようにしましょう。
③ ２枚つくってできあがりです。

Point
●板を手にはめる位置で、音の響きが調節できます。歌の間奏に叩くといいですね。

こんな歌もピッタリ！
「高校３年生」「星影のワルツ」「２人は若い」

生活ご当地自慢

みかんのお話

♥頭のストレッチ♥

冬はみかんのおいしい季節です。昔はどこの家庭でもこたつの上にはみかんが乗っていて、「みかんはこたつのお供」でした。

みかんはそのまま食べるほか、焼いたり、冷凍したり、缶づめ、ジャム、ジュースなど幅広い食べ方がありますね。ビタミンCが豊富で、みかん２個で大人の1日分が補充できると言われています。また、漢方では未熟なみかんの皮も（熟したものの果皮を陳皮）利用され、七味唐辛子にも使われています。中国、中医学ではみかんは「体を冷やす食べ物」に分類されています。

新米ゆめちゃんの介護士日誌

歌う♪　小さな訪問者

今日は、○○幼稚園の子どもたちが歌をうたってくれます
パチパチ
みなさん楽しそう
ニコニコ
しばらくすると
シャン　シャン
わしらの知らない歌ばかりじゃのう
子どもの声はどうも耳障りじゃ
ひそひそ
これからパーティですよー
部屋でのんびりしましょう
そうですな
やれやれ
自分の孫ならいいのでしょうけど……
くーっ、失敗……

ベテラン介護士より

こんな光景はどこの施設にでもある1場面です。子ども嫌いの高齢者も多いからです。せっかくの小さな訪問者なのですから、事前に保育士さんと相談し、高齢者に懐かしい歌を園児に練習してきてもらってはどうでしょう。そうすれば、一緒に歌えますし、高齢者からは、歌に合わせて踊れる曲を紹介することもできます。簡単な料理を一緒につくるのもおすすめです。双方にとって楽しい時間を共有できるようなプログラムを考えましょう。

時には、逆訪問を計画してもいいですね。自分たちができる一芸を携えて園や小学校を回って披露するというのも、地域参加として大事なことだと思います。

12月December

12月の目標

1　今年の終わりに感謝の気持ちを伝えよう

たくさんの人に「ありがとう」を伝えましょう。

2　大掃除に参加して体を動かそう

自分の体と相談して、できることを見つけて参加しましょう。

3　笑顔で明るい新年を迎えるためには元気が一番！

笑いは「元気の素」。「生きる力」をたくさん蓄えましょう。

12月の健康管理とアドバイス

睡眠の話

高齢になると、朝早く目が覚めたり、夜中に何度も目が覚めたり、寝つきも悪くなることがあります。

「若い頃はよく眠れていたのに、年をとると眠れなくなる」という声はよく聞きますね。

昼間の適度な運動、寝る前に興奮するような動きをしない、などの環境づくりも大切です。昼間の昼寝を短くするなど、あらためて日常生活を見直してみるといいかもしれません。

排泄の話

老化にともない失禁などの排泄障害のケアが大切になります。

「失禁を知られたくない。おむつを使いたくない。自分でトイレに行きたい」など、人として誰もが思うこの気持ちを感じて受け止めてあげましょう。

相手の失敗を「許して受け止め」、介護者側は、「羞恥心に配慮し、的確な技術」を提供しなければなりません。

誰もが「排泄のお世話」をされることは恥ずかしく、屈辱的な行為です。ですから介護の現場ではどんな介護技術よりも、一番に排泄介助の提供をしてあげましょう。

言われる前に「気がつけるケア」をしましょう。

瀬戸の花嫁

作詞　山上路夫　作曲　平尾昌晃

せとは ひぐれて ゆうなみこな
み あなたのしまへ およめにゆく
の わかいと だれもが しんぱいするけれ
ど あいがあるから だいじょうぶなの
だんだんーばたけと さよならーするのよ
おさないーおとうと ゆくなとないた おと
こだったら ないたりせずに とう
さんかあさん だいじにしてね

2番

岬まわるの　小さな船が
生まれた島が　遠くになるわ
入江の向うで　見送る人たちに
別れ告げたら　涙が出たわ

島から島へと　渡ってゆくのよ
あなたとこれから　生きてく私
瀬戸は夕焼け　明日も晴れる
二人の門出　祝っているわ

12月 リズム運動・歌と遊び

今月のストレッチ

♥呼吸のストレッチ♥

呼吸には胸式呼吸と腹式呼吸がありますが、高齢者はちょっとしたことで体力消耗や、肺炎、寝たきりになるなどの状況と背中合わせにいます。そこで健康によいと言われている腹式呼吸をしてみましょう。

① 背中を伸ばして座ります。

② まず、ゆっくり息をはきます。

③ 鼻から息を１秒で吸いこみます。

④ その後、数秒止めてゆっくりと口からはき出します。

Point
●息をはき出す時には、口をすぼめてフーッと少しずつはくようにします。

大掃除でお部屋ぴかぴか運動

♥全身のストレッチ♥

拭き拭き運動は、ストレッチにピッタリ！
「掃除なんて……」と思わずに、楽しく体を動かしましょう。
暮れの大掃除、みんなでやればあっという間に終わりますよ。

【準備するもの】
ぞうきん

Point
●身の回りでできることを見つけて提供してあげましょう。

★窓拭き

右腕を伸ばし、拭く動作をします。左手も同じようにします。

★机拭き

足を肩幅に開き、足腰を左右にスライドさせる重心移動をしながら、手は拭く動作をします。

★荷物移動

ぞうきんを足もとに置き、荷物を持つようにして両手で持ち上げ、高い場所に収納する動作をします。

こんな歌もピッタリ！
「冬の星座」「冬の夜」

賛美歌でクリスマス

♥頭・指先のストレッチ♥

【準備するもの】
鈴　トライアングル
ハンドベル　コップ

クリスマスにはツリーや電飾を飾るだけではなく、賛美歌をみんなで歌ってみませんか？　楽器を合わせるとより素敵になります。

① 最初はみんなで「荒野のはてに」を歌いましょう。
② 次にフレーズや盛り上がりの場に合わせて楽器を使いましょう。

こんな歌もピッタリ！

「いざ歌えいざ祝え」
「きよしこのよる」など

♪【荒野のはてに】 賛美歌106番

荒野のはてに　夕日は落ちて　たえなる調べ　雨より響く
グローリア　イン　エクセルシス　デオ　グローリア　イン　エクセルシス　デオ

年忘れ紅白対抗戦

♥発声・呼吸のストレッチ♥

【準備するもの】
参加者の名前と曲名を書いたプログラム
採点札　表賞状　優勝賞品　など

毎年大みそかに行われる「紅白歌合戦」に対抗して皆さんの好きな歌を集めて「施設内紅白対抗戦」をしましょう。今年の勝利チームは「赤？ 白？ どっち??」

① 開催のあいさつをします。
② 赤・白チーム順番に歌い、歌い終わったら審査員が採点します。
③ 終了後は、「集計発表」「表彰式」「特別賞」「頑張ったで賞」などを発表します。

プログラム１例　（童謡・唱歌編）　参加16人

紅組	曲名	歌う人	白組	曲名	歌う人
1	春の小川		1	どんぐりころころ	
2	こいのぼり		2	背くらべ	
3	証城寺の狸囃子		3	小鹿のバンビ	
4	港		4	お山の杉の子	
5	赤とんぼ		5	夕焼け小焼け	
6	月の砂漠		6	荒城の月	
7	スキー		7	山男の歌	
8	浦島太郎		8	花さかじじい	

Point
●参加者が大勢の場合や１人で歌えない人がいる場合は、数人で１曲を歌いましょう。

サザエさん体操で元気ハツラツ

♥全身のストレッチ♥

子どもからお年寄りまで知っている、国民的人気テレビアニメの「サザエさん」。いつも元気なサザエさんにあやかって「元気ハツラツ体操」をしましょう。

Point

●元気よく歌いながら手足を動かしましょう。

【サザエさん】 作詞 林春夫 作曲 筒美京平

背中を伸ばして立ちます。

♪お魚くわえたどら猫

肩幅に立ち、足踏みをします。

♪追っかけて

胸の位置から両手のひらを外に向けて、右上方向に伸ばし、続けて左上方向に伸ばします。

♪裸足でかけてく

足踏みをします。

♪陽気なサザエさん

胸の位置から両手のひらを外に向けて、右上方向に伸ばし、続けて左上方向に伸ばします。

♪みんなが笑ってる

右へ4歩移動して、左へ4歩戻って止まって手拍子ポン。

♪お日さまも笑ってる

前へ4歩移動して、後ろへ4歩戻って止まって手拍子ポン。

♪ルルルルルル

おなかの前で腕を右へ4回、左へ4回巻き巻き。

♪今日もいい天気

両手を上にあげてキラキラしながら4回で下げます。

笑点のテーマ曲、ついて行けるかな？

♥手・口腔のストレッチ♥

笑いといったら思い出すのが、長寿番組の「笑点」。
「チャンチャカチャカチャカ、チャンチャン」でお馴染みのテーマ曲は
みんなでノル元気曲です。歌って、演奏して楽しみましょう。

【準備するもの】
ギロ　ラッパ
マラカス　笛　など

Point
●舌を滑らかにして発音をはっきりさせる「滑舌」運動です。
最初は、大きく口を開けてゆっくりと言ってみましょう。
●早口ができない人も手拍子で参加しましょう。

【笑点のテーマ】　作曲　中村八大

♪ちゃんちゃか　ちゃかちゃか　ちゃんちゃん　ぷ

♪ちゃんちゃか　ちゃかちゃか　ちゃんちゃん　ぷ

♪ぱらぱぱ　ぱぱーぱ　ぱらぱぱぱ　ぷ

♪ぱらぱぱ　ぱぱーぱ　ぱらぱぱぱ　ぷ

♪ぱぱぱーぱぱ　ぱぱぱぱぱ　ぱぱぱぱぱーぱー　ちゃっちゃ　ちゃか

♪たたたたたたら　たらたら　たっ

♪たたたたたたら　たらたら　たった　ぷ　ぷ

♪てんてーけ　てんてけてけて　てけてけてんてん　てーん　ちゃっちゃ　ちゃか

♪ぴぴらぴらぴぴ　ちゃちゃ

ぴぴらぴらぴぴ　ちゃちゃ

♪ぴっぴー　ちゃんちゃん　ぴらら　ちゃん

12月ゲーム&物づくり

♥手・口腔のストレッチ♥

今年を表す漢字はなぁに？

今年も終わります。みなさんにとってどのような１年であったのか、
想いを漢字一文字で表現してもらいましょう。
また、その想いに合った曲を聞いてみましょう。

●１年間で歌った歌リストをつくります。
●想いを文字にしてもらいます。
●想いに合った曲を聞いてみましょう。
●１月～12月まで振り返って「今月の歌」をメドレーで歌ってみましょう。

Point
●ゆっくりと振り返ることができるように、たっぷり時間をとりましょう。

生活
ご当地自慢

全国の鍋自慢　鍋奉行

♥頭のストレッチ♥

食材の入れ方や味つけに始まり、食べ方にまでアレコレ世話をやく人を「鍋奉行」と言います。冬は鍋のおいしい季節。野菜もたくさん取れてバランスもよく準備も簡単。そこで、全国のおいしい鍋の話をして、自分流、家族流、ご当地流の鍋を再発見しましょう。

●おいしい鍋リスト

北海道（石狩鍋・ジンギスカン鍋）　青森（たらのジャッパ鍋）　秋田（きりたんぽ鍋）　岩手（ぬっぺ汁）　宮城（かき鍋）山形（芋こ煮）　栃木（山菜鍋）　新潟（のっぺい汁）　茨城（あんこう鍋）　東京（どじょう鍋）　山梨（ほうとう）　石川（たらちり）　福井（かにちり）　静岡（猪鍋）　滋賀（かも鍋）　奈良（飛鳥鍋）　京都（湯豆腐）　大阪（くじら鍋）　兵庫（すき焼き）　広島（かきの土手鍋）　山口（ふぐちり）　香川（源平汁）　福岡（水炊き）　長崎（顎お炒り焼き鍋）　鹿児島（さつま汁）　宮崎（けんちゃん汁）　大分（だんご汁）

新米ゆめちゃんの介護士日誌

終わりよければ　次につながる

今日は施設の忘年会です
○○園 忘年会
ワイワイ
ワイワイ
みなさんの手づくりでこんなに立派な忘年会……うれしいわ
ははは
えーっ、みなさま。宴たけなわではございますが……
しきり屋のMさん
今年１年、我々を楽しませてくれたスタッフさんにお礼を言いましょう
パチパチパチ
どうもありがとう！
こちらこそみなさんの元気に支えられた１年でした……
うる…
ありがとうございましたー
ゆめさん泣くな
来年もよろしく〜

ベテラン介護士より

施設やデイサービスに集まる利用者さんは、十人十色です。介護士は「生き方や仕事、趣味や特技」など「みんな違って、それがいい」という気持ちで利用者さんと接しましょう。

高齢者にも人権はあります。その人たちを無視するような行動や言動には十分気をつけたいものです。「言葉の暴力」「介護拒否」は虐待です。人としての気持ちを大切に、相手の思いを一番に感じて介護する気持ちが大切です。

目の前にいる高齢者が、自分の両親や家族だとしたら、どんな介護をしてあげたいですか？

どの人に対しても「大切な家族」のつもりで関わる「心ある介護」を心がけていきたいですね。

オリジナル健康調査票　個人情報と一緒に使用

※p52「年に2回は体力測定をしましょう」で使います。

氏名	
生年月日　　歳	
性別	
介護度	
疾患	

項目	チェック	方法	3	2	1	0	気づき	／	／
1頭	記憶	桜　犬　電車 全部言えた（◎）2つ（○）1つ（△） 言えない（×）							
2目	視力	文字（大）　文字（中）　文字（小） 全部見える（3）2つ（2）1つ（1） 見えない（0）							
3耳	聴力	文音（大）　文音（中）　文音（小） 全部聞こえる（3）　2つ（2） 1つ（1）　聞こえない（0）							
4鼻	臭覚	目隠し（お茶・紅茶・珈琲）のかぎ分け 全部（3）　2つ（2）　1つ（1） 全部違う（0）							
5指	つまむ	せんたくバサミ（強）　文音（中） 文音（小弱）　全部（3）　2つ（2） 1つ（1）　全部違う（0）							
6手首	絞る	濡れているハンドタオルを何回で絞れるか 3回（3）5回以上（2）8回以上（1） 10回以上（0）							
7呼吸	持続	コップに入った水をストローでぶくぶくする 15秒以上（3）　10秒以上（2） 7秒以上（1）　3秒以上（0）							
8大腿	筋力	椅子に座り両足揃えてあげる 手は腿の上が原則 15回以上（3）　10回以上（2） 7回以上（1）　3回以上（0）							
9膝	筋力	膝を直角にして足底が床に着く姿勢で 椅子に座り、椅子から「立つ・座る」を 30秒繰り返す 20回以上（3）　15回以上（2） 10回以上（1）　5回以下（0）							

今日のイベント・参加者情報表

【書き方例】

実施日　2012年 3月 20日　　　参加者　30人　　イベント名　**歌で踊ろう**

名前	年齢	参加するに当たり 精神・身体の様子	開始前状況 良い・普通・悪い 3　2　1　0	終了時状況 良い・普通・悪い 3　2　1　0
大石亜由美	90	徘徊　食欲有り　腰が痛い	③　2　1　0	③　2　1　0
田中シゲ	80	うとうと　食欲あり 会話はOK	3　②　1　0	③　2　1　0
志賀小春	70	入浴拒否　怒っている 元気　活発	3　2　①　0	3　②　1　0
			3　2　1　0	3　2　1　0

実施日　　　年　　月　　日　　　参加者　　人　　イベント名

名前	年齢	参加するに当たり 精神・身体の様子	開始前状況 良い・普通・悪い 3　2　1　0	終了時状況 良い・普通・悪い 3　2　1　0
1			3　2　1　0	3　2　1　0
2			3　2　1　0	3　2　1　0
3			3　2　1　0	3　2　1　0
4			3　2　1　0	3　2　1　0
5			3　2　1　0	3　2　1　0
6			3　2　1　0	3　2　1　0
7			3　2　1　0	3　2　1　0
8			3　2　1　0	3　2　1　0
9			3　2　1　0	3　2　1　0
10			3　2　1　0	3　2　1　0

音育　1時間の流れ

【記入例】

平成 24 年 8 月 12 日　14 時～14 時 45 分　　　参加者　30 人
スタッフ参加者　大石　田中　志賀

時間	プログラム内容	内容の説明	必要なもの	今日の曲
14：00	あいさつの歌	歌う前に声出し		
：	懐かしい歌　歌謡曲	季節の歌「みんなで」	音源	
：	歌いながら遊べる歌	軽くストレッチ用の歌	音源	
：	体操用の歌		ボール　グッズ	
：	楽器用の歌	歌と楽器　歌とお絵かき		
：	誕生日のリクエスト曲			
：	サヨナラの歌			
14：45	ストレッチ			

●開始前にプログラムを貼り出したり、スタッフ記録や企画書にも使いましょう。
●始める前に必要なこと　①体調の確認　②準備　音、飲み物、タオル、楽器、遊び、クイズ、ボール、ひもなど　③選曲　④プログラムをつくる

平成　　年　　月　　日　　　時～　　　時　　　参加者　　　人
スタッフ参加者

時間	プログラム内容	内容の説明	必要なもの	今日の曲
：	あいさつの歌			
：	懐かしい歌　歌謡曲			
：	歌いながら遊べる歌			
：	体操用の歌			
：	楽器用の歌			
：	誕生日のリクエスト曲			
：	サヨナラの歌			
：	ストレッチ			

個人情報表

【記入例】

名前	生年月日 歳	性別	支援 1 2　介護 1 2 3 4 5	疾患	身体	精神	介助 自立 食事 排泄 清潔 着替え 移動	趣味特技
大○亜○美	S 4. 1. 14 90歳	女	介 ③	リウマチ 高血圧	関節動き注意 血圧測定	心配性 感情失禁あり	介　おむつ　介　自　車いす	風船 手芸 料理

名前	生年月日 歳	性別	支援 1 2　介護 1 2 3 4 5	疾患	身体	精神	介助 自立 食事 排泄 清潔 着替え 移動	趣味特技
田○　シ○	S 14. 2. 5 80歳	女	支 ②	糖尿病 難聴	注射 内服あり 補聴器	おだやか 人見知り	自　自　自　自　自	読書 落語 食べ歩き

名前	生年月日 歳	性別	支援 1 2　介護 1 2 3 4 5	疾患	身体	精神	介助 自立 食事 排泄 清潔 着替え 移動	趣味特技

PROFILE

大石亜由美（おおいし　あゆみ）

東京都生まれ。聖マリアンナ医科大学付属看護専門学校を卒業後、看護師の仕事に従事。
バルーンアートとの出会いを生かし、高齢者の『バルーンリハビリ』を考案。現在は看護師をしながら、高齢者アクティビティ『QOL・生きがいを感じる毎日』のプランニングを介護の現場のスタッフに伝えている。また､高齢者と赤ちゃんの交流の場を『赤ちゃんの木育広場・木育寺子屋』で開催。地域での多世代交流を多岐方面から取り入れ、活動の現場を広げている。

【主な活動内容】
看護師・救急救命士・心理相談員・産業保健相談員・カラーハート♡セラピスト・ヘッドスパセラピスト・運動機能訓練指導員・バルーンリハビリインストラクター・バルーンプランナー・作家・コラージュ作家・おもちゃコンサルタント・高齢者アクティビティインストラクター・木育プランナー・高齢者音育プランナー

【著書】
『壁面・イベントに生かす子どもと楽しむバルーンアート』
『バルーンリハビリ─高齢者の体と心の風船機能トレーニング』
『高齢者の毎日できる転倒予防運動』
『高齢者の毎日できる指遊び・手遊びで機能訓練』
『カラフル&ポップ バルーン ミニ飾り・遊び』（いずれも、いかだ社）

編集●内田直子
イラスト●水野ぷりん
楽譜浄書●株式会社アルスノヴァ
ブックデザイン●渡辺美知子デザイン室

高齢者の音育《おといく》アクティビティ
歌・音・踊りで楽しむ生き生き活動
2012年10月1日　第1刷発行

著　者●大石亜由美©
発行人●新沼光太郎
発行所●株式会社いかだ社
〒102-0072 東京都千代田区飯田橋2-4-10 加島ビル
Tel.03-3234-5365　Fax.03-3234-5308
振替・00130-2-572993

印刷・製本　株式会社ミツワ
乱丁・落丁の場合はお取り換えいたします。
ISBN978-4-87051-327-3
日本音楽著作権協会（出）許諾第1211359-201号